叢書・ウニベルシタス　1025

見えないこと

相互主体性理論の諸段階について

アクセル・ホネット
宮本真也・日暮雅夫・水上英徳 訳

法政大学出版局

見えないこと——相互主体性理論の諸段階について　目次

凡例

一、本書は Axel Honneth, *Unsichtbarkeit. Stationen einer Theorie der Intersubjektivität* (Suhrkamp Verlag, 2003) の全訳である。

二、原則として、原文の » « は「 」とする。イタリックとなっている箇所は傍点で強調する。書名の場合は『 』とする。読者の便宜を考慮して訳者の判断で「 」〈 〉などで強調する場合もある。

三、( ) と [ ] は原文のママであるが、〔 〕は訳者が読者の便宜を考慮して新たに挿入したものである。

四、注番号は、原注を(番号)とする。訳注は原則として各章担当者が作成したものである。

五、原書での引用については、邦訳があるものはそれを参照しつつも、原著者の引用の文脈を考慮し、訳者があらためて訳し直した場合がある。

六、原著者が引用・参照している文献において、該当ページ番号を文中に記している箇所については「(原著頁=巻数-邦訳頁)」と記す。

序文

本書は、一九九九年から二〇〇二年のあいだに執筆され、『承認をめぐる闘争』についての研究以降、手つかずのままにしていたテーマを再び扱った諸論文をまとめたものである。最初のテクストを例外として、これらの論考は哲学史に関わるものである。それらは、相互主体性理論をめぐる数々の傑出した構想と対決しながら、私たちは承認というコミュニケーション的な行いをどのようにより精緻に理解しなければならないのか、という問題を追求している。私は、ヘーゲルにきちんと取り組むならば、それだけで基本的には正しい解法を手にすることができると確信していた。そのため私には長いあいだ、このテーマにはこれといった秘密などないように思えていたのである。なるほど、承認論の祖であるヘーゲルにおいてすでに、承認は属性を相手に付与する（attributiv）行いとして理解すべきなのか、それとも相手の属性を受容する（rezeptiv）だけの行いとして理解すべきなのかどうかは、必ずしもはっきりしていたわけではなかったし、いかなる理由から承認が人間にとってそもそも放棄できないものであるに違いないのかについても、常に明確であるわけではなかった。しかし、そうした不明瞭さを越えて、ヘーゲルには堅牢な概念の骨組みがあるように思えた。つまりこの概念の骨組みは、承認の三つの種類を今日にいたるまで説得力あるかたちで区別するための基礎をもたらしたことからすでに、驚くほど豊かに作用した。私は友人や同僚たちから、承認という出来事の構造を、行為論的観点から、あるいはエピステモロジーという観点から、より詳細に規定しなければならないと強く促された。この促しによってやっと、私は自らのそもそものアプローチに抱いていた自信から距離を取ることができたのであった。さらに強く影響を受けることになったのは、アヴィシャイ・マルガリートの画期的な研究（*Politik der Würde*, Berlin 1997）[1]と、我が国ではこれまでほとんど知られることのなかったスタンリー・カヴェルの仕事（*Die Unheimlichkeit des Gewöhnlichkeit*, Frankfurt a. M. 2002）と共に、いくつかの研究がこの間に現れたということであった。これらの研究はヘーゲルにまで遡ってというよりは、ヴィトゲンシュタインにならうかたちで承認概念を展開するものである。

ヘーゲルのパラダイムがもはや簡単に解決の道を導いてくれなくなってしまうと、ただちに私が直面したのは、三つの体系的な問いであった。同一哲学による統合力が失われてしまうと共にまず生じたのは、承認という行いによって、ある特定の規範的特性が自分以外の主体に対して単に与えられるだけなのか、それともそれらの主体にそうした特性が実際にあるものとして気づかれるのかという問題であった。ここで前者の場合に承認は、ある特殊な状態をはじめて生み出すのであり、それに対して後者の場合に承認はそうした状態を、公的に確認するにすぎない。第二に次の問いに対する答えも、承認の属性付与モデル（Attributionsmodel）と受容モデル（Rezeptionsmodel）のあいだのこうした選択と同じく困難に思えた。つまり、承認は常にそれ以外の行為や発言の副産物であるのか、あるいはそれ自身で独自の行為行いを表しているのかという問いである。私たちにとって見れば、最初の選択肢がほとんど自明であるのは、私たちが尊敬に満ちた振る舞いをたいていは、別の目標に方向づけられた活動の副作用としてだけ見るように学んでいるからである。しかし、ここで「承認」という言葉で語ることが十分であるのかどうかは、まさしく問われねばならない。第三に、最後に、ヘーゲルにおいてすでにそれほど明確でなかったのは、人間としての人格が自律にいたるためには、もっぱら承認されているという前提が必要であるとしたかったのか、それとも、ただ部分的にのみ、この承認という前提があればよいとしたかったのか、ということである。重点の置き方におけるこうした違いには今日、どうして私たちは相互主体的な承認を、人格を持つ存在にとって必要不可欠なものと見なしてよいのか、という問いが関わっているのである。

これらの三つの問いを体系的に定式化する際に、私は特にハイキ・イケハイモとアルト・ライティネンに助けられた。しかしながら私は、本書の理論史的な諸論考において、それらの問いのうちのいずれのものをも、直接扱ってはいない。むしろ私は、たいていの場合に外的と言ってよいきっかけを用いて、すでに述べた諸々の問題を解決するために私にとって間接的に役立つだろうと思われた、相互主体性の構想に取り組んだ。そうして、三年間がたつあいだに、相互主体性理論の重要な諸段階への見通しを与える、一連の五つの論文が生まれたのである。ただし、この過程のなかで、ほとんど気づかぬうちに一つのテーマが次第に明らかになってきた。この間に私は、このテーマについて、それが承認概念をさらに明らかにするためには、きわめて重要であると考えるようになっていた。私が取り組んだほとんどすべてのアプローチは、承認の概念、あるいは相互主体性の概念を、なんとかして人物についての認識という概念からそれをはっきりと区別しようとすることを通じて、規定しようと試みるものである。「認識」と「承認」を対置することは、今日私が確信しているように、承認という行いがなされる際に実際に起きていることを適切に理解するための鍵なのである。一連の哲学史的な諸論考のはじまりとなる、唯一の体系的なテクストにおいて私は、この推察をさらに追求した。すなわち、この本の標題にもなっている論文では社会的に見えないという現象について、主体たちを公的に承認される人びととするためには、それらの主体たちが単に認識されることに一体なにが付け加えられなければならないのかを検証する試みが行われているのである。

草稿を技術的に準備するために、ノラ・ジーヴェルディングの手助けはなにものにも代えがたいものであったが、彼女だけではなく私は、この本の構成を考える最初の段階から私に助言を与えてくれた、ズーアカンプ出版社のアレキサンダー・レスラーとベルント・シュティークラーにも謝意を表したい。

フランクフルト・アム・マイン　二〇〇二年九月

アクセル・ホネット

原注

（1）　この件については次の論文を参照のこと。Axel Honneth, »Eine Gesellschaft ohne Demütigung. Zu Avishai Margalits Entwurf einer ›Pokitik der Würde‹«, in: der., *Die zerrissene Welt der Sozialen. Erweiterte Neuausgabe*, Frankfurt a. M. 1999, S. 248–277.

第一章　見えないこと
――「承認」の道徳的エピステモロジー*

　ラルフ・エリスンの有名な小説『見えない人間』の「プロローグ」で、一人称の語り手は彼の「見えないこと（Unsichtbarkeit）」について語っている。つまり、名前を明かさず彼が言うには、たしかに彼は実在する人間、つまり「肉と骨からなる」生身の人間であるが、「人は」とにかく彼を見ようとはせず、彼を「見ても気づかぬふりをする（hindurchschauen）」のであり、彼は他のすべての人びとにとってまさに「見えない（unsichtbar）」というのである。[1] 自分自身がどのようにして見えなくなってしまったのか、という自ずから起こる問いに語り手は、絶えず彼を無視してものを見る人たちの「内的な目」が「作られる」せいであるに違いないと答える。すなわち、そうした人びとに彼を知覚させなくしているのは、その「肉眼」、つまり事実としてのある種の視覚能力がないということではなく、まさしく内的性質（Disposition）のせいであるというのである。数頁後にはじめて私たち読者は、ここで自分が人から見えないことを語っているのが一人の黒人であることをさりげなく知らされる。というのも上述のように彼を見て見ぬふりをする者たちが、ある副文のなかで「白人」であると知らされるからである。このように「プロローグ」は、一人称の話者の攻撃的で怒りに満ち、まとまりのない文章でつづられ、とくに微に入り細に入るかたちの人種差別主義的屈辱（rassistische Demütigung）で特徴づけられる筋書きで開始される。そしてこうした屈辱に対して黒人の主人公は、物語を通して戦い続けることになる。つまり、この屈辱は、見えなくすること（Unsichtbarmachen）、すなわち消し去ること（Verschwinden-lassen）のかたちを取っていて、それは身体的な不在（Nichtpräsens）ではなく、社会的意味における非実在（Nichtexistanz）ということと明らかに関わっている。私は以下において、「見えないこと」という概念のこの比喩的な意味に導かれて、私たちは「承認（Anerkennung）」という行いをエピステモロジーの観点からどのように理解しうるのかという問いを究明したい。つまり、私は出発点において、見えないということには二つの形式があり、これらのあいだの違いに注目するならば、私たちがここでのテーマに取り組む上でより深い理解が得られるであろうという仮説を抱いている。その理由は、この違いが間接的に、ある人物を知覚すること（Wahrnehmung）、すなわちある人物を「認識すること（Erkennen）」にいったいなにが付け加えられれば、承認という行いをなすことになるのかを説明するのに役立つことにある。私は次のように議論を進めていこう。私はまず「見えないこと」の文字通りの意味と比喩的な意味との差異をいっそう明かにし、さらに歩みを続けてその次の二つの節において「承認」の意味の問題に直接取り組みたい。

I

文化史のあまたの証言から知られているのは、次のような状況を示すさまざまな例である。すなわち、それらの例で支配者たちは、被支配者たちを知覚していないように偽ることによって、それらの人びとに対する社会的な優越性を表現しているのである。おそらく最も有名な事実は、貴族たちが侍僕たちの前で衣服を脱ぐことが完全に許されていた理由が、侍僕たちがなんらかの仕方でその場にいないかのように見なされたためだった、ということである。[2] 身体的に目の前にいるのに見えないこれらの状況から、ラルフ・エリスンが物語る事例が区別されるのは、これらに独自な能動的性格である。つまりここで主役である白人の主人たちは、自分たちにとって現にその場にいる黒人たちが見えないことをなんとかして彼らに分からせようとしているように見える。[3] 日常言語で見えなくすることのそのような能動的形式にあてる表現は、「見ても気づかぬ振りをすること（Hindurchschauen）（looking through）」である。つまり、私たちは、その場にいる人びとに対して彼らが身体的に空間に登場していないかのように振る舞うことによって、その人たちへの軽視（Mißachtung）を示す能力を持つのである。この意味において「見ても気づかぬ振りをすること」は、まったく行為遂行的な（performativ）側面を持っている。なぜなら、そこでは、他者が偶然的に見られなかっただけではなく、意図的に見られなかったことを明確にする身振り、ないしは振る舞い方が必要とされるからである。おそらく意味のあると思われるのは、見えないそのような状態によって傷つけられる度合いを、知覚する主体が見えないことにどれくらい能動的に関与しているのかにしたがって区別することである。つまり、その場合に見えないことは、あるパーティで知人に挨拶するのを忘れるという些細な不注意、社会的に重要ではないことによって家の主人が見過ごしてしまうという家政婦へのうっかりした無視、そして当の黒人には屈辱の徴としてしか理解できない、当てつけがましい見ても気づかぬ振りをも含むのである。これらの例はすべて、同じ種類のものである。なぜなら、これらの例はいずれも、比喩的な意味における見えないという形式であるという特徴を持つからである。というのも、転用された、当事者たちは知覚する者にとって疑いもなく見ることができるのである。「知人」、「家政婦」、そして屈辱を受けた黒人は、その時々の主体の視界において明確で、簡単に同定できる対象であるので、「見えないこと」はここでは知覚に関わる事実を示しえず、そうではなくおそらく一種の社会的な事態を意味しているに違いない。しかしだからといって、私が今までしてきたように、そのように見えないことに関して比喩的な意味のみを語るのも誤解を招きやすいかもしれない。というのも、無視される当事者にとって彼らが「見えないこと」にはいずれの場合にも、実際に自分たち自身が知覚されていないように感じるという、そうした実在的な核が備わっているのである。ただしここで「知覚」が意味することは、見ること、すなわち同定する認識という概念に含まれていること以上であるに違いない。

おそらくここでは、今まで示してきた区別をよりいっそう明確にするために、「見えないこと〔不可視性〕」という否定的概念から「見えること〔可視性〕」という肯定的概念へと移行することが適切だろう。視覚異常や視覚上の妨げから生じうる視覚的に見えないことは、肯定的観点からすると、一定の対象、ここでは人間的諸主体の知覚可能性に対応している。諸主体がある他の主体にとって見えるのは、その他者が諸主体をそのつどの関係の性格にしたがって、はっきりとした性質を持った人物として確認しうる程度に応じてである。たとえば、いつでも大げさに笑う知人としてだとか、ポルトガル出身で規則正しく月曜日に当人の住居を掃除する家政婦としてだとか、あるいは最後に、肌の色が自分とは異なる、列車のコンパートメントに乗り合わせた乗客としてだとかという具合にである。見えることは、この意味においては単に知覚できること以上のものとして特徴づけられる。なぜなら、見えることは個人を同定する基本的な能力を含んでいるからである。したがって視覚的に見えないことと見えることとのあいだにある概念的な不一致は、肯定的概念へ移行することによって適用条件がいわば強化されるという状況から生じる。つまり視覚的な意味における見えないことが、客体がある他の人物の知覚領野に現前していないという事実だけを意味するのに対して、視覚的に見えることは、時間空間システムのなかである特定の客体が状況的に応じて有意な性質を持つものとして認識されうるのでなければならない。したがってまた私たちは、知覚主体から間違って、つまり家政婦ではなく、たとえば隣人であると同定された人物に関して、彼女が視覚的に見えなかったと言うことはおそらくできない。とはいえ反対に、私たちはこの人物に関して、その人物が当の知覚主体に見えていたとそう簡単には主張することもできない。なぜなら、この知覚主体は、そうはいってもやはり基本的な仕方でこの人物を認識していないからである。したがって私は、視覚的に見えることは個人的な同定可能性の基本形態を示唆しており、その場合には私たちが「認識（Erkennen）」と名づけるものの第一の、すなわち原初的な形式を示していると提案したい。

ところで、この結果から、比喩的な意味での「見えないこと」の肯定的な対応物となるはずの概念を明らかにすることは、けっして簡単ではない。そのような「見えること」こそが、ラルフ・エリスンの小説の主人公が、彼の「見えないこと」の形態を、白人による屈辱の扱いにくい差異を含んだ形態であると記述するときに、暗黙裡に要求しているものだろう。しかしこれこそ、一人称話者がその相互行為パートナーにとって「見える」ことを求めるときに意図しうるものかもしれない。見えることで考えられているのは、私が先に個人の同定の基本形態として説明してきた類のものではない。というのも、自分を比喩的な意味で「見えないもの」であると経験しうるためには、当事者である主体はむしろ反対に、個人として時間空間システムにおいて認識されていることを前提にしていなければならない。つまり、当該主体が、他の人物から見ても気づかぬ振りをされ（durchschauen）たり、無視され（ignorieren）たり見過ごされ（übersehen）たりしたと主張できるのはただ、この人物が自分自身を原初的に同定するという営みをなすと自分が前もって見なしている場合だけのことである。その限りにおいて、比喩的な意味における見えないことは必然的に、言葉の本来の意味における見えることを前提しているのである。したがって、おそらく私たちが今、念頭に置いている事態によりいっそう近づくのは、なにによって当該主体が、自分自身が社会的に見えないことを知りうると思うのかを問うときのことである。この質問に対する最初の答えを与えてくれるのもまた、「見えないこと」の現象学にとって真の豊かな宝庫であるラルフ・エリスンの小説である。そこで一人称の語り手は「プロローグ」の二頁目において既に次のように語っている。彼はいつも決まって手荒に暴れ「乱暴に振る舞い」、そうして自分自身が見えなくならないように試みたという。そして、この「乱暴な振る舞い」によって彼は「他人」を挑発して自分を「認識」させたかったのである。[4] テキストのこの箇所で「拳を突き出して」自分を気づかせてやることとして描かれていることも、多分比喩的な意味で考えられており、その核心において、主体が自分に注意を向けさせようとするあらゆる実践的な努力をおそらく示しているだろう。しかしこの比喩が十分に明らかにしているとおり、この当事者主体が自分の相手を挑発して自分のその抵抗によって生じさせようとするものは、その主体の側からすれば、この他者が当事者主体を知覚していることを表現する目に見える反応なのである。たしかに主体が自分自身が見えることを確かめうるのがただ、その主体が自分の存在を確認する行為を相手に強いることによってのみであるならば、このことは逆に、主体が自分の「見えないこと」をそうした反応様式が起こらないことによってのみ確認しうることを意味する。つまり、当の個人の視点からすれば、その個人が比喩的な意味での自分が見えることを確認する基準は、ある一定の反応様式が現れていることであり、それは肯定的に相手の存在に気づいていること（Zur-kenntnisnahme）の徴し、表現なのである。したがってそのような表現形式がないことが示しているのは、相手には人がこの特別な意味で社会的に見えないことである。

この記述への対案となるのは、次のようなテーゼかもしれない。つまり、「見ても気づかぬふりをすること（Hindurchsehen）」も知覚の特別な形式に過ぎないというものだろう。すなわち、当該の主体は、あたかも他の人がその空間には居合わせていないかのように、その他の人によって見られている。しかし「まるで〜であるかのように見ること」の多様な解釈を用いるこのような特徴づけからは、「見ても気づかぬふりをすること」が一般に次のような公的な事実の特徴を示していることを、もはや正しく知ることができない。すなわち、当該の主体のみならずその空間にいる他の人たちもまた、さまざまな所与の状況で、その主体を軽蔑するような見過ごしや無視の一つの事例が問題となっていることを、普通は確認できることである。社会的に見えないことにこのような公的な性格が付け加わるのはただ、この見えないということが、個人を同定する行為と通常は結びついている表出的な表現形式（expressive Ausdruckformen）が欠落するなかでパラドックスというあり方で表れてくるからである。したがって私により意味あるものと思えるのは、比喩的な意味における「見えない」という現象を、人間のもとでは知覚と表現のあいだに存する複雑な諸関係を手がかりに説明することである。ある人物を「見えるようにすること（Sichtbarmachen）」が単に個人を同定する認識行為を越えるのは、この見えるようにすることが、対応する行為、身振り、あるいは表情によって、その人物が現存の関係にふさわしく支持肯定するようなかたちでその存在を気づかれていることを公に表現することによってである。そして私たちは、私たちの第二の自然の枠組みにおけるこれらの表出的な表現諸形式について共通の知識を有しており、まさにそれゆえにこそ、私たちはそれらが欠落するときに見えなくすること（Unsichtbarmachen）、つまり軽蔑（Demütigung）の徴しを見ることができるのである。

さて、私は今まで、視覚的でない第二の意味において「見えるようにすること（Sichtbarwerden）」として さまざまな現象を説明してきたのであるが、ここで私たちがこれらの現象のなかに「承認」の基本形式を見るならば、「認識」と「承認」との区別がまず最初のアプローチにおいてすでにおおまかな点で明確になる。つまりある人物を認識することが、段階を上がるような仕方で次第にその人を個人として同定することを意味するのに対して、他方で私たちはその認識に対し「承認」するということによって、支持肯定する（Befürwortung）という肯定的意義を与える表出的な行為を付け加えうる。承認は、公的ではなく認知的な行為である認識とは異なり、他の人物が「妥当性（Geltung）」を持つべきことを表現する媒体「メディア」を必要としている。私たちがこれまで社会的に「見えないこと」という現象を扱ってきたこの基本段階においては、そのような媒体は、身体と結びついた諸表現とまだ同一視されていたかもしれない。しかしこれらすべてのことはまだ、承認という行いのなかでそれにふさわしい諸表現を通じていったいなにが表されることになるのかを、実際にはまだ説明していない。すなわち、いっそう精確な分析が必要であるのは、同定する認識に、「支持肯定（Befürwortung）」、「妥当させること（Geltenlassen）」の意義を表出的行為によって与えることがなにを意味するかである。

Ⅱ

今まで論じてきたことからすれば、承認という行いは認識による同定に表出的な表現を付加することによって行なわれるかのように見えるだろう。つまり、ある特定の人物は第一に、その状況の所与の条件に応じて特殊な性質を持った個人として認識され、第二に、この認識に今度は、知覚された人物の実在が行為、身振り、あるいは表情によってその場にいる人の目の前で確認されるというかたちで、公的に表現が与えられるのである。しかし当然ながら問題は、表出的行為が、特定の場所である人物があれこれの性質を持ってそこにいるという認識を公的に表明することしか示さないのか、ということである。ある表現が欠落する場合に、社会的に見えない人間は告発するのであるが、そうした表現はその意味からして、私たちが個人の実在を知覚することを確認する表現とはまったく異なるものではないのだろうか。しかし個人の実在を知覚することを確認するような、こうした種の表明（Bezeugungen）のためには、普通には、ある特定の人物を指で指し示したり、頭の動きではっきりとその人物の方向を示したり、発話行為で明白にその人物の実在を確認するだけで十分であるだろう。しかしそれらはすべて、私たちがお互いに「見える」ようになるために、つまりさらに明確にされるべき意味において社会的確認（Bestätigung）を受けようとするために、私たちがお互いにそれぞれ相手に期待し合うものの表現を意味するにはいたっていないように思われる。ここでさらに進むために、適切な道はまず第一に、一般に幼児がその準拠人格を通じて社会的相互行為に導き入れられる、身振りや表情の表現記号へと遡及することであるように私には思える。ここから次におそらく定式化されうるのは、ある表現がない場合、私たちが比喩的な意味で自分を見えなくなっていると考える諸々の表現がなにを保証するはずなのかという問いに対する一般化された答えであろう。

ダニエル・スターンの経験的な研究こそ、近年、幼児がその準拠人格とのコミュニケーションのなかで社会的存在となる複合的な相互行為経過（Interaktionsgeschehen）についてのよりよい理解を私たちに与えているものにほかならない。(5) スターンは、ルネ・スピッツの画期的な仕事に依拠しながら、ゼロ歳児の社会化の成長が、情動（Affekten）と注意（Aufmerksamkeiten）という、身振りによるコミュニケーションの手段の助けによって広く生じる相互調整過程の形式においてなされることを示すことができた。つまり、（母親という）準拠人格は身振りや表情の表現手段の幅広いレパートリーを持っているのであり、それらは子どもに、相互行為を準備する非常に分化されたシグナルを与えるとされる。反対に幼児は、準拠人格の身振り的な刺激に反応して最初の形式の社会的応答行動（Antwortverhalten）へと発展しうる、非常に多様な反射的な性質の諸活動を自由に行うことができる。さまざまな身振りのなかでも特別な役割を果たすのは、やはり、愛や関心（Anteilnahme）や共感（Mitgefühl）を受けていることを子どもに示すことになる、そうした部類の顔の表情である。ここで一番大事なのは、ほとんど反射的になされる微笑み（Lächeln）であり、もちろん、さらに別の諸形式の表情もその微笑みを補うことがある。それらは時間的に延ばしたり、身体によって誇張することによって、励ましや支援ということに明白な諸シグナルを伝えるとされる。(6)相手を支持肯定するこれらの種類の身振りや表情の中で私たちにとって重要であるのは、多くの表現のほとんど自動的に行われる次のような特殊形式である。つまりこれらの表現によって、成人たちもまた、お互いに関心や注意を寄せているということを凝縮された形で、さらにお互いに知らせ合うことができるのである。スターン自身は、成人のあいだのあいさつの儀礼へと関連づけており、この儀礼では成人たちは細かに調整された表情の動きによって、自分たちがお互いにどんな特殊な社会関係にあるのかを知らせ合うのである。

準拠人格が幼児に応対する、さまざまな肯定的な意味合いを持つ態度様式は、明らかにその根を、子どもたちの身体のイメージや表現の動きと非常に緊密に結びついた諸素因（Dispositionen）に持っている。私たちが向き合っている相手において助けを必要としている幼児を知覚するような認識を私たちがしてはじめて、そのあとで励ましや共感とにふさわしい身振りが用いられる、というわけではない。むしろ私たちはここでは一般的に、幼児がいるという知覚に対して、基本的に支持肯定する態度を表しうる諸表現によって直接に反応するように見える。この二つの定式化の区別は、また次のようにも言い換えることができる。つまり、第一の場合にはある種の認識についての信念だけが示されていると考えられるのに対して、第二の場合には動機づけの用意のあることが直接に伝えられているのである。むしろ、より適切なのは、ここで（微笑みや励ましという）肯定的な表現身振りをある行為のシンボルとして語ることだろう。なぜならそれらは、「シンボルによる短縮の形で」その行為の代用物を示しているからである。(7)このように定式化することで、準拠人格が幼児に反応する際の諸々の表現がなにを保証しているのかが、最もよく分かるようになる。つまり、それらの表現はいかなる種類の認識も示しているのではなく、幼児にその状態にしたがって与えられるべきさまざまな行為の全体を短縮したかたちで表現しているのである。この点において、承認は遂行的な性格を持っている。なぜならそれは、承認に付随する諸表現が、承認される人物を「正当に（gerecht）」評価するためにはいかなる実践的な反応様式が必要となるのかということをシンボル化するからなのである。ヘルムート・プレスナーの見事な定式化にしたがうならば、次のようにも言うことができるだろう。すなわち、承認の表現力豊かな表われは、ここでは、道徳的行為の「等価物（Gleichnis）」を示すのである[8]。

たしかに、これらの考察により私たちは、議論の最初の地平をすでに離れている。なぜなら、「〜に正しく応じる（Gerechtwerden）」や「〜に付与されることがふさわしい（Zustehen）」という概念と共に、道徳理論的性格を持つ語彙が用いられているからである。乳児研究という回り道をしたのは、人間が「社会的に」見えるようになる表現形式が、幼児に対する成人の表情の動きのなかにとくにはっきりと表れているからである。つまり、乳児は、反応として微笑むことによってはじめて、相互作用の用意があることを伝え、そうすることで社会的に姿を現すとはどういうことかを学ぶのである。そして、この学習の際に用いられるものこそが、微笑みや共感といった前言語的な身振りである。そうしてみると、成人たちの〔幼児を〕支持肯定する諸表現は何を保証しているのかという問いに答えようとするなかで示されたのは、それらが乳児の安寧（Wohl）のために世話を焼くとされる諸行為を、シンボル的に短縮された形で表していることである。つまり、準拠人格は顔の表情によって乳児に心遣い（Fürsorge）

を実践的に行っていることを伝え、このようにして、乳児の側では世界に社会的に開かれていること（Weltzugewandtheit）をもたらす、そうした反応様式にいたるように促すのである。この表現形式の道徳的核心がどのようなものであるかという問いをさらに追求するまえに、私がまず検討したいのは、成人たちのあいだの承認関係もまた、そのような表現的形態を示すのかどうかである。

乳児研究を引き合いに出した文脈ですでに手短に触れておいたのは、微笑みや関与という顔の表情は、成人間の相互行為関係においても大きな役割を果たす表現身振りの、特別に具象的な特殊形態のうちの一つにすぎないということだった。成人たちも彼らのコミュニケーションのなかで、通常、繊細に意味づけられた多くの表現を通じて、彼らが相互に歓迎し合っていたり特別の気遣い（Aufmerksamkeit）を寄せ合っていたりすることを知らせ合うのである。つまり、パーティの席上の友達には輝く微笑みや強調された歓迎の身振りがふさわしく、自分の家の家政婦には挨拶する発話行為だけでなく感謝をほのめかす身振りが示され、黒人には列車のコンパートメントの他の乗客に対するように、元気づけるような表情や短いうなずきで挨拶が向けられるのである。たしかにこれらすべての表現諸形式はさまざまな文化のあいだでかなり異なっているが、しかしそれらの間人間的なコミュニケーションにとっての構成的な機能はあらゆる差異にも関わらず常に同一である。つまり、発話行為の代わりとなったり補完したり、あるいは発話行為から独立に、相手に明らかに、相手が（友人の、家政婦の、乗客の）社会的に類型化された役割において、社会的に是認されたり、妥当していることを知らせると考えられる。それらの肯定的な表現諸形式の今まで展開したリストを一連のさらなる実例によって補完し、それらが社会的な行為の調整にとってどんな根本的な意味を持っているのかを示すというようなことはたやすいことだろう。しかし、次のこと以上に、それらの表現形式の中心的機能を強く示すものはない。すなわち、それらの表現形式が欠落してしまうことは、通常は当事者たちに対して最終的に「見えない」という状態にまで導きうる、社会的な病理の指標として評価されうるのである。したがって、前述の諸表現に社会的に見えるようになること〔可視化〕の根本メカニズムを見て、そのなかに他方またすべての社会的承認の基本形式を見出すならば、もちろんのことそれは広範な含意を持つ帰結をともなっている。その場合、ある人物の社会的承認のすべての形式は、どんなに媒介された仕方であろうとも常に、表現的身振りへシンボル的に関連づけること（Rückbezug）に支えられているのであり、この表現的身振りは、ある人が社会的に見えるようになることを直接的コミュニケーションのなかで確保するのである。ニクラス・ルーマンが権力のすべての形式の共生的な（symbiotisch）関係について語ったのと同じ仕方で、[9]私たちも、どんなに一般化されているものであろうとも、承認のすべての形式の共生的基礎を次のように出発点とすることができる。つまり、ある人物が承認されるということは、その共生的な構造に基づいて身体的な表現身振りを真似てつくられる媒体に助けられてのみ成立可能であり、この表現身振りを用いることで人間は、相互に自らの社会的妥当性を確認し合うのである。承認がこのようにさまざまな表現に支えられているのは、そのような身体的な表現身振りだけが公的に、次のような同意を表現できるからである。すなわちこうした同意が付け加えられることによって、認識と承認とのあいだの区別がなされるのである。つまり、自分の相手の表現的な行動様式という鏡のように映し出すもののなかで自分が肯定的に留意されているのを見る者だけが、自分自身が基本的な形式で社会的に承認されていることを知るのである。しかしいまや、ますます差し迫ってきているのは、私がかつてプレスナーにならって道徳的行為の「等価的（Gleichnis）」と述べた支持肯定する諸表現がいったいなにを保証しているのだろうか、という問いに答えることである。

Ⅲ

当然ながら、人間の主体が相互に承認を表明し合う表現的な身振りは、それ自体すでに行動の一定の形式である。つまり、ある他の人に対して微笑みを表現するか、それとも歓迎の身振りを行うかによって、私たちはその人に対して態度を明らかにするのであり、その限りで、ある行為をなすのである。しかし他方で、この表現的な行動は他の多くの行為への指示もまた含んでいる。なぜなら、この行動は、行為者の側でどんな種類の諸行為を続いて行う用意があるのかをシンボル的に短縮された形式で知らせるからである。微笑みが乳児に対し愛に満ちたさまざまな態度をシンボルによって約束しているのと同じように、歓迎の身振りは成人たちのあいだで、その後の過程で好意的な諸行為が期待できることを表現する。したがって表現的な身振りや仕草は、受け手が正当に期待してよいような類の諸行動をシンボルを通じて知らせている限りで、それら自体は、メタ行為の性格を持つ行為である。そこで、承認が基本的な形式において支持肯定の表現的身振りであるならば、そこから導き出されるのは第一に、承認はまたそうしたメタ行為を示すということである。つまり、私たちがある他の人に承認の身振りを示すことによって、私たちはその人に、特定の種類の好意に満ちた行動をする義務を負うと思っていることを、遂行的に知らせる。したがってエリスンの小説の一人称の語り手も社会的に見えないという彼の状態から、彼を「見ても気づかぬ振りをする」人びとは好意的な仕方や尊重する仕方で彼を扱う意図がまったくないと推論することができる。つまり反対に、承認の身振りがないということがこの場合に告げているのは、当人が他の人びとからの敵対的な行為に身構えなければならないということと考えられる。

承認の表現的な行為がある種のメタ行為であるという考えは、少し用語を変えるならば、〔振る舞いなどで〕はっきり示された動機づけ（Motivation）の種類を示すものとしても理解されうる。つまり、行為者が支持肯定する身振りのなかで表現するのは、受け手に対して、好意的な性格の衝動や動機を実行することだけよりも、より高次の（second order）動機づけを持っていることである[10]。その際にはたいてい、それぞれの身振りの細かな色合いはそれだけで非常に正確に、その好意に満ちた行為がどんな種類と考えられるかを明らかにする。つまり、優しい微笑みには心遣いの行為を行うための動機づけ上の準備が表現されるのに対して、丁重な挨拶の中ではむしろ、ただ戦略的なだけであるいかなる行為をも断念するという否定的な準備がむしろ表現されている。この点を私たちは、「承認」の道徳的な核心に接近できる、「尊敬（Achtung）」というカント的概念に結びつけることができる。この結びつきのおかげで私たちはカントは『人倫の形而上学の基礎づけ』の有名な定式において[11]、「尊敬」について、それが「私の自己愛を断ち切る」「価値について思い描くこと（Vorstellung）」であると語る。この文で当面私にとって重要なのは前半だけであり、後半については後ほど触れよう。カントがこの関係文において「自己愛」を断ち切ることについて語る仕方によって明らかになるのは、ある制限を課すのがこの箇所では主体そのものではないことである。「尊敬」の行いそれ自体がむしろ働きかける力であるように見えるので、主体における自己中心的な傾向性を抑制することはいわば必然的になされる。それゆえ、自己制限という純然たる企図などと言うのだとすれば、それは誤っているだろう。なぜなら、「自己愛」は実際には「尊敬」の営みのうちで断ち切られているからである。すなわち主体は、尊重された「価値」と向かい合うことで、ただ自分の自己中心的な衝動の結果でしかないような行為すべてを放棄する動機づけをも、尊敬といわば等根源的に既に獲得しているである。この高次の動機づけこそ、私が今まで承認という行いとの関連で行ってきた分析への橋渡しをなしている。つまり、単純な段階で通常は承認を知らせる表現的な身振りにおいては、カントが自己愛を「断ち切ること」と記述するものとまったく同じ動機が準備されていることが示される。カントの定式化においてむしろよりはっきりと見て取ることができるのは、承認の道徳的側面によって考えられているはずのものであり、それは私が今まで「確認（Bestätigung）」、「支持肯定（Befürwortung）」、「妥当と認めること（Geltenlassen）」のような概念によって特徴づけてきたものである。つまり、承認する主体のなかで脱中心化が行われる理由は、その主体が他の主体に、自分の自己愛を中断するという正当な要求の源泉である、そうした価値を認めるということにある。したがって「確認」や「支持肯定」が意味するのは、受け手に次のような道徳的権威を備えさせることである。つまり、人が自ら一定の種類の行為を実行すること、あるいは実行しないことを義務づけられていることを知っている限りで、自分の人格を自由に展開してよい道徳的権威である。ただし、この定式化によってさえ隠されてはならないのは、ここでは自分が義務づけられていることが同時に、一種の自発的な動機づけでもあることである。つまり、私が誰かを承認しその意味で私に対する道徳的権威をその人に認めることによって、私はすでに等根源的に動機づけられ、その人を未来においてその価値に応じて扱うようになるのである。

この特徴づけによって承認のすべての直接的形式の道徳的共通性が描かれるならば、たしかに既に、承認する行為を表現的に表しうる多くの身振りは、一つひとつ区別される。誰かが愛情深く微笑んだり、純粋に恭しく挨拶しようと、誰かが力をこめて手を伸ばしたり、好意的に頷こうと、そのつど表現的な行為（expressive Äußerung）によって、道徳的に受け手に対し応対するという異なる種類の動機づけの用意が伝えられる。身振りの数の多さには、相互行為パートナーがその主体に対してそのつど表現しうるさまざまな諸価値が対応している。つまり、受け手は、愛、尊敬、連帯のいずれに値すると思われるにしても、そのことはここでは、承認の表現的な身振りのあいだの細かな差異に現れる可能性の多様さをまず指し示しているにすぎない。しかしながらカントと共にここでもう一度確認しなければならないのは、これらすべての諸価値が、カントが人格の持つ「叡知性（Intelligibilität）」として示した一つの特性の、価値評価的な諸側面（Facetten）でしかありえないことである。つまり、私たちが他の人間をそれぞれ愛すべきもの、尊敬すべきもの、または連帯すべきものというようにさまざまに見なそうとも、経験された価値において作用しているのは常に、人間がその生を合理的な自己決定によって営まなければならないということのそれぞれに意味の異なる一側面にすぎない。もしこの「ある価値について思い描くこと」が、ある時はより強く伝記的な生活の成就（愛）に関わり、また別な時にはより強くある種の実践的なアンガージュマンの類（連帯）に関わるならば、この思い描くことが尊敬の場合に関係しているのは、人間は理由によって反省的に方向づけられるということ以外にいかなる他の選択肢も持っていないという事実それ自体である。その限りでまた、承認の他の二つの形式〔愛、連帯〕がさまざまな段階の高度化を持ちうるのに対して、上述の最後の態度〔尊敬〕はもはやそれ以上の段階的変化を持たない。(12)

この論究によって、ともかく私たちは、承認の表現的な行為がなにを約束することになるのか、という問いに答えることのできる中間総括にたどりつける。人は直接的なコミュニケーションのなかで、表情や身振りの助けを借りて相手を承認していることを表明し、そうした表情や身振りについては、同定する認識を確かなものにするためにはそう簡単には役立ちえないと考えてきた。というのも、そうしたさまざまな表現が持つシグナルとしての特性が、ただ実在していることや特性があることだけを主張するにけっしてとどまらないのは、自分がその他者に対して好意的にのみ行為するという、動機づけにおける用意を表明しているからである。この動機づけにおける用意こそが、私たちが今やカントにまで立ち戻って、人間存在の叡知的特性にふさわしい価値評価の結果と見なすことができるものである。つまり、承認の表現的な身振りのなかで表わされるのは、他の人格の価値を叡知的存在者として正当に評価するために、ある主体が自分の自己中心的なパースペクティヴの制限をすでに実際に行っていることである。(13) それゆえに、ある意味ではむしろ、道徳は承認と重なりあうのである。というのも、道徳的態度を取ることが可能であるのはただ、自分の行動がそれに基づきコントロールされるべき無制約的な価値が、他者に認められるときだけであるからである。ラルフ・エリスンが語っている社会的に見えないことの形式が、道徳的軽視（Mißachtung）の一変種であるのは、そこでは承認する身振りが欠落していることによって、一人称の語り手には他の人間のようには「叡知的」人格の価値がふさわしくないことが、表明されているように見えるからである。

しかしながらこの答えはここで、私たちが「見えないこと」の解明をはじめた際に行った「認識（Erkennen）」と「承認（Anerkennen）」とのあいだの区別にまで遡るさらなる問題を投げかける。というのも、カントにおいてもとうてい、彼がすべての尊敬の前提と見なす、人格の価値について「思い描くこと」を私たちはどのように説明すればよいのか、という問いに関しては明らかにされていない。つまり、そのような表象は単なる属性付与（Zuschreibung）の結果なのか、それとも認識の一形式、いやむしろ知覚の一形式なのだろうか。私が今まで議論してきたことは、承認は認識の単なる表現にすぎないとしてとらえてはならない、なぜなら承認が個人化する同定をただ確認する以上のことを規範的に含んでいるから、ということであった。承認において起こることはむしろ、人格の叡知的性質に関わる価値評価の表現的な（それゆえ公的に示された）表明である。しかしこの価値評価がいまや、それ自身特殊な種類の認識としてのみとらえられうるというならば、今まで私の議論に導きの糸を与えてきた、認識と承認との対置ももう一度修正されねばならないだろう。

ここでもまた、この問いに対する答えへの鍵を与えてくれるのは、助けを必要とする幼児に準拠人格が応じる際の表現的行動である。成人のこの身振りによる行動レパートリーのどの程度までが自然史的な名残なのか、それとも文化的な社会化の産物なのか、ということは今日にいたるまで完全には明らかになっていない。しかしいずれにしても言えることは、幼児に向けられる微笑みは、相対する者が援助を必要としている乳幼児を大事に思うから微笑まなければならない、というような確信にいたってから生じるものではないという意味で、ほとんど反射的であるということである。これらの成人たちは幼児に、助けが必要であるという特定の性質を付与する（zuschreiben）のでもなければ、その幼児の状態についての知をもとに行動するのでもない。むしろ成人たちが微笑む際になすことをおそらく最もよくとらえる定式化とは、彼らが彼らの知覚そのものに直接、表現を与えるというものである。したがって、この知覚そのものがすでに価値評価の一形式であると記述することはそう簡単なことではなく、その理由はこの知覚がそもそも文化的社会化の産物であるかどうかが完全には明らかでないからである。しかし、微笑みが自然史的な根源から離れ、それに応じてより自由に示すことができるようになるにしたがって、微笑みはおそらく、乳児が愛されるべき人間として直接に把握される知覚の表現としてとらえられるに違いない。準拠人格が表現的な行動を通じて幼児に向ける早期の承認形式は、〔乳児が〕将来の叡知的な人格であることをシンボルによって指示する諸々の性質を、〔成人が〕知覚したことの表れである。そして、幼児がその数カ月後に準拠人格の表情に対して応える最初の微笑みがはっきりと表しているのは、価値に満ちた性質を持つこの世界が、この幼児に最初に開かれた瞬間なのである。[14]

このようにあらためて乳児研究を参照してみるならば、私たちが今まで知覚のパラダイムとして知っていた個人化する同定と並んで、強く価値評価的な（evaluativ）特徴を備えた、もう一つ別の形式の知覚が登場してくる。成人たちが彼らの子どもを知覚する仕方において明らかとなるのは、人間の知覚が、個体化する認識の概念がそう思わせるほど、規範的に中立的であるはずはないことである。つまり、準拠人格と子どものあいだの身振りのコミュニケーション連関のなかで知覚されるさまざまな性質は、同定の認識に関わる指標なのではなく、むしろ叡知的存在者の自由を指し示す諸々の価値のシンボル的な表現なのである。したがって少なくともこの場合には、認識と承認との関係は、私が今まで「見えること」という出発点において行ったのとは少し違った仕方で規定されなければならない。つまり、たしかに承認は実際のところ、ある人間を認識において同定していることの表現的な表明すること（Bekundung）ではないが、しかしそれでも承認は、人格の価値を「直接的に」与える価値評価的知覚の表れなのである。いまや私には、幼児初期の社会化という特殊ケースを社会的世界全体に転用せず、そうして価値評価的知覚のそのような形式を成人のあいだの相互行為に対しても主張しないことに根拠があるようには思えない[15]。知覚の分化によって、子どもは成長しながらその準拠人格の表情のなかに根本的に自分の叡知的な潜在的可能性が鏡のように映し出されているのを見る[16]。この知覚の分化の道において、その子どもはその相互行為パートナーに接して、常にそのパートナーの叡知的本質のさまざまな側面である諸価値を推測することを学ぶ。最終的に成人は、その生活世界の価値評価的な語彙の枠組みのなかで、ある人格の「価値」を知覚する一連の可能性を得るのであり、その際、人間の顔のなかにすでにある、叡知性という事実は一貫して基本的な層であり続けるだろう。

もしカントが「ある価値について思い描くこと」と呼ぶものが、成人たち各自がうまく社会化を経てゆくなかで通常は意のままにすることができる、そうした価値評価的知覚の形式を持つならば、それは認識と承認との関係にとって広範囲に及ぶ帰結をもたらすことになる。今まで見てきたように承認という行いは、私たちがある人格の価値を知覚する際に行う、個人の脱中心化を表現豊かに表示するものである。つまり、ふさわしい身振りや手振りを通じて私たちが公的に分からせようとするのは、私たちは、その別の人格にその価値を根拠にして、私たちの自発的な衝動や傾向性が現実化することが制限される道徳的権威が私たちに対してあることを、容認するということである。しかしいまや私たちが、ある人格の価値をこのように経験することが、幼児が反射的に見せる笑みに始まる知覚の形式を取ると考えるやいなや、ある人間をもっぱら認識を通じてのみ同定することが、承認に対するその明白に自然的な優位を失うように見える。少なくとも発生的に見るなら、承認は認識に先行するのであり、それは乳児が自分の環境を客観的に把握できる以前に、乳児がまずは自分の表情で人びとの価値に満ちた性質を認めていることを明かしてくれるからである。しかし幼児に当てはまることは、成人たちのもとでもけっして根本的意義を失うことはない。つまり、私たちも、他者に対する社会的相互行為の枠組みのなかで一般に最初に叡知的人格の価値ある諸性質を知覚する。したがって人間を単に認識を通じて同定することは、根源的承認が中立化される特殊例なのである。承認が優位性を持っているからこそ、それに応じるかたちで私たちの社会的生活形式においては身振りや手振りは際立って重要なのであり、これらの身振りや手振りによって私たちは、他者の道徳的権威に私たちの行為をしたがわせるという動機づけの用意のあることを一般に表明し合うのである。こうした意味においてラルフ・エリスンの小説の主人公が苦しむ社会的に見えないということは、承認と結びついた、人間の知覚能力の歪みの結果なのであり——あるいは、この作家が言うように、社会的に見えないことは、「僕が接触する相手の目が特異な性質のせいである。内的な目の構造、つまり人が肉眼で現実を見る際の目の構造がその理由である」(17)。

＊　ありがたいことに私はアレッサンドロ・フェラーラ、チャールズ・ラーモア、マティアス・フォーゲルから多くのヒントと批判的コメントをもらったが、残念ながらそのごく一部にしか考察できなかった。私はこのテーマを今後扱うときに、それらに適切に対応できれば、と思う。

原注

(1)　Ralph Ellison, *Der unsichtbare Mann* (Original: »*Invisible Man*«, 1982), Reinback b. Hamburg 1955, S.7.〔ラルフ・エリスン『見えない人間（I）』松本昇訳、南雲堂フェニックス、二〇〇四年、九頁〕

(2)　Hans Peter Duerr, *Nacktheit und Scham. Der Mythos vom Zivilisationsprozeß*, Frankfurt a.M. 1988, §15.〔『裸体と恥じらいの文化史——文明化の過程の神話〈1〉』（新装版）、藤代幸一、三谷尚子訳、法政大学出版局、二〇〇六／二〇〇七年、二五六頁〕

(3)　たしかに、権力行使のもう一つ別な形式として見えるようにする〔可視化する〕戦略がある。これには、コミュニケーションでの暴露から、フーコーによって探求された一望監視システムでの視覚的コントロールまでが含まれる。私は以下で、支配手段としての社会的に見えること〔可視性〕のそのような例を取り扱わない。というのも、私は道徳的エピステモロジーという目的から「見ても気づかぬ振りをすること（Hindurchsehen)」という軽視の形式にのみ関心を持っているからである。この現象そのものは、社会学的観点のもとでは、ここで扱うには複雑過ぎる。

(4) Ralph Ellison, *Der unsichtbare Mann*, a.a.O., S.8.〔ラルフ・エリスン『見えない人間(I)』松本昇訳、南雲堂フェニックス、二〇〇四年、一〇頁〕

(5) Daniel Stern, *Mutter und Kind. Die erste Beziehung*, Stuttgart 1979, S.16ff.

(6) Vgl. Ebd., S.18ff.

(7) Vgl. Helmut Plessner, »Lachen und Weinen«, in: ders., *Philosophische Anthropologie*, Frankfurt a. M. 1970, S.11–172, hier: S.72.〔『笑いと泣きの人間学』、滝浦静雄、小池稔、安西和博訳、紀伊國屋書店、一九八四年、九一―二五二頁、当該箇所一〇一頁〕

(8) Ebd., S.73.〔同上〕

(9) Niklas Luhmann, *Macht*, Stuttgart 1975, Kap.IV.〔ニクラス・ルーマン『権力』長岡克行訳、勁草書房、一九八六年、第四章〕

(10) 以下部分的に次に依拠する。J. David Vellman, »Love as a Moral Emotion«, in: *Ethics*, Vol.109 (1999), S.338–374.

(11) Imanuel Kant, *Grundlegung zur Metaphysik der Sitten*, BA, S.15/16 (Anmerkung).〔『カント全集7、人倫の形而上学の基礎づけ』平田俊博訳、岩波書店、二〇〇〇年、二四頁(原注)〕

(12) Stephen L. Darwall, »Two Kinds of Respect«, in: *Ethics*, Vol.88 (1977), S.36ff. 当然のことながら、今私が提示した考察は、私のそもそもの承認の三分法(Axel Honneth, *Kampf um Anerkennung*, Suhrkamp, Frankfurt am Main, 1992, Kap.5)〔アクセル・ホネット『承認をめぐる闘争』山本啓/直江清隆訳、法政大学出版局、二〇〇三年、第五章〕を、人間の叡知的自由のさまざまな局面に関係させることを通じて、今日さらに発展させる方向を知らせる概略にすぎない。

(13) このことは、たとえば好意的な交際行為のただの見せかけとして、そのような表現的ジェスチャーが道具的に用いられることを排除しない。しかし、私の考えでは、このような欺瞞が当事者(や参加する観察者)のもとで引き起こす苛立ちや憤慨のなかで表わされるのは、身振りによるコミュニケーションの文法、それも私たちの生活世界の第二の自然に組み込まれている文法の違反が重要であることである。私はこの問題の解明について、マティアス・フォーゲルに感謝している。

（14） 以下を参照。René A. Apiz/U. M. Wolf, »The Smiling Response: A Cntribution to the Ontogenesisis of Social Relations«, in: *Genetic Psychology Monoprints*, 1946, 34, S. 57–125.

（15） 例としては以下を参照。Cora Diamond, »Eating Meat and Eating People«, in: dies., *The Realistic Spirit. Wittgenstein, Philosophy, and the Mind*, Cambridge, Mass. 1990, S. 319–334.

（16） 以下を参照。Donald Winnicott, »Die Spiegelfunktion von Mutter und Familie in der kindlichen Entwicklung«, in: ders., *Vom Spiel zur Kreativität*, Stuttgart 1974, S. 128–135.〔「小児発達における母親と家族の鏡としての役割」（橋本雅雄訳『遊ぶことと現実』所収、岩崎学術出版社、一九七九年、一五六―一六六頁）〕

（17） Ralph Ellison, *Der unsichtbare Mann*, a.a.O., S. 7.（強調は原文）〔ラルフ・エリスン『見えない人間（I）』松本昇訳、南雲堂フェニックス、二〇〇四年、九頁〕

第二章　相互主体性の超越論的必然性

――フィヒテの自然法論文における第二定理について

「フィヒテの哲学に忍び込んでくるのは、自我ではないがそれでも自我から来るもの、しかしまた単なる非我でもないものである」。

フリードリヒ・シュレーゲル

すでにかなりの長い期間にわたって、フィヒテが一七九六年に『知識学の原理による自然法の基礎』を基礎づけようとした著作の第二定理は、主体性と相互主体性との関係に取り組む専門哲学者たちの関心をますます喚起してきている。というのも、彼の論文の当該の章、第三節においてフィヒテははじめて、法概念を演繹しようとして、以前の知識学のモノローグ的な枠組みを突き破ったように見えたからである。そしてそのためにフィヒテは、自己意識の超越論的な可能性を他の主体による「促し（Aufforderung）」に結びつけるのである。たしかにすでに、一七九四年になされた『学者の使命』についての講義の第二部においては、人間が、「彼と同等の理性存在者が彼の他に存在すること」（Fichte 1971, Bd. VI, 304）を受け入れざるをえないと考える必然性について述べられていた。しかしここで個別の主体にこのような想定を余儀なくするとされるのは、たとえば自己意識の経験の必要条件のようなものではなく、外的現実のなかでも自分の理性的性格の「鏡像（Gegenbild）」を想定する人倫的衝動である。[(1)] そのような論拠は、人間的共同体の概念への通路へと道を開いていようとも、なんの問題もなく知識学の前提と調和する。[(2)] というのも、他の理性的存在者の存在（Existenz）はやはりただ、完璧さに向かって努力し続ける自己意識の必然的な投企としてだけ把握されたからである。それに対して、自然法論文の第三節で、フィヒテはその第二定理（Lehrsatz）を基礎づけ解明しており、それはまったく別の、むしろはるかに先鋭化した論拠を示せるとしている。というのも、そこで明らかに示されているとされるのは、有限な主体が、同じような理性的存在者によって「外から」自由に至ることを「促される（auffordern）」ときにだけ、自分自身を自由な理性的存在者として意識〔すること〕に到達しうることである。ここ、すなわち「促し」のこの説においてフィヒテは、相互主体性をもはや必然的な投企ではなく、むしろ反対に、自己意識の弁証法的構成の超越論的条件として扱っているように見える。この相互主体性理論的把握において、フィヒテ論文の第二定理は、今日まで、彼の哲学内部の爆薬として作用し続けている。つまり、ある時はヘーゲルの承認論にとっての道を切りひらく基本要素として解釈され[3]、また別な時には二〇世紀の対話哲学との比較を呼び起こし[4]、今日ではエマニュエル・レヴィナスの倫理学との親近性が取り上げられている[5]。

しかし、フィヒテが自然法論文の重要な章で相互主体性のどんな特殊な形態を思い描こうとしていたのかという、より広い領野に及ぶ問題を追求するまえに、まず最初に彼の議論の課題と成り行きを一つひとつ検討しなければならない。というのも、より詳細に考察しても、フィヒテが「促し」の説によって実際既にある種の相互主体理論的転回がなされているのかどうかは、少しも明らかではないからである。もしこの転回が果たされていれば、この転回の帰結として、彼の初期の知識学のモノローグ的な前提は少なくとも懐疑に付されることになったはずだが、どうもそのようには見えないのである。第三節の見出しにおけるように第二定理自身の文言からは、むしろ次のような対立する推測が思い浮かんでくる。すなわち、ここでもまた、他の存在者の理性的な活動（Tätigkeit）が、有限な主体が自己意識を構成する過程においてその存在を前提しなければならないものとして、いわば投企によって産出しなければならないものとして、考えられるという推測である。「有限な理性的存在者は、感覚界における自由な実働性（Wirksamkeit）を自分自身に帰属させることができるためには、それを他の理性的存在者にも帰属させなくてはならない」（30=43）。たしかに、このテーゼの論証が以下数頁にわたって展開されているが、そこには、「促し」を疑いもなく相互主体的な行為として叙述している箇所がたくさんある。この相互主体的な行為は原則的に、主体が自由に生み出せるようなものではなく、したがって主体の自己意識の外的な条件をなすものである。以上のように解釈の二つの可能性をテキストは同程度に提供するように見え、その両者のあいだでフィヒテ研究は今日まで揺れてきた。この二つの解釈可能性のあいだでどちらの解釈を取るべきかを決定しうるために意味があるのは、第一に、第三節が自然法論文の議論の全体の組み立てにおいて果たすべき課題を想い起こすことである。つまり、それを想起することで、第二の相互主体性理論的な解釈可能性だけが、フィヒテの考察から整合的な思考の展開を再構成することを保証するということが明らかになるであろう。このことが示されるならば、第二段階として検証されるのは、フィヒテの相互主体性の導入が詳細に見てどの程度確固としたものであるか、ということである。

I

フィヒテが『自然法の基礎』についての研究であることを告知する彼の著作のタイトルに、「知識学の原理による」という言葉を付け加えたのは偶然ではない。というのも彼の目論見とは、自己意識の必要条件の超越論的演繹について以前展開した手続きを、個体的な法的意識がそのような条件であることが明らかになる地点にまで適用することだったからである(6)。フィヒテが法哲学的観点におけるこのアプローチによってもたらした画期的な革新には、ここではもうこれ以上詳しく立ち入ることはできない(7)。立ち入ることはできないとはいうものの、さしあたり次の点だけはしっかりと押さえておかなければならない。つまり彼の著作が方法的に基づいている意図が、法権利についての個体的な意識を、主体がそのもとでのみ自分自身の主体性の意識に到達しうるための諸々の条件のうちの一つとして示すことである。フィヒテがその緒論でただちに強調するように（8=17）、たしかに知識学とは違ってそのような法論は、絶対的なものとして思考された普遍的な自我（Ich）が自分自身の主体的な理性的性格（Vernünftigkeit）を意識しうるための超越論的な諸前提に関心を持つものとは簡単に示すわけにはいかないのである。むしろここでは、すなわち、人間の共同生活が問題になる領域においては、「何人かの理性的存在者のうちの一人としての個人（Individuum）」が中心になるかぎり、まなざしが向けられる方向を転換することが必要である。したがって、その自己意識が『自然法の基礎』において超越論的演繹の助けによって説明されるという主体は、最初から、その理性的性格には自分の制限性の意識や有限性の意識も属しているような、個人化された存在者である。『知識学』の自我が、適切な思考行為と意志行為を実際に行うのちに、非我または他者のもとにあるものでありながら、なおも自分の自己活動（Spontaneität）の生産物と見なしてもよいようなもののすべてを、この理性的な主体にしても、自己措定した客体化として把握できるわけではない。というのも、もし把握できたとしたら、自分の個体性の条件、すなわち他の自立した存在者との共存が、破壊されているだろうからである。したがって、自然法講義のプログラムとしてすでに緒論において、ある課題が明確になってくる。この課題は、フレデリック・ノイハウザーが適切に特徴づけることによって、やっとその逆説的な印象を与える性質を持つことが分かってきた。すなわち、法概念の助けによって説明されるのは、有限な主体と自立した世界との関係がどのようであれば、主体の有限性と主体の主要特性たる自由とが、自己措定を通じて調和しうるような関係でありうるのか、である。(8)

フィヒテは知識学に対して自分が超越論的な説明を行う対象領域を変えたが、すでにその後で、彼にとっては当然ながら法論のなかではその方法もまったく同じものに留まり得なかった。以前に〔知識学においては〕課題であったのは、それらの条件のもとで自我自身が自分の主体性の意識に到達しうる、そうした、普遍的に考えられた自我の見方から自発的な思考行為と意志行為とを、そこに自らをおいて理解することであった。それに対して、今や分析されるべき意識と哲学的な観点とのあいだにはある裂け目が開いている。つまり、法論のコンテクストにおいては、超越論的演繹の主題である、有限な、個体化した主体が問題になっているはずなのだから、ここでは思弁的哲学者はいわば上から、どんな「行為様式」を通じてその存在者が彼ら自身の主体性の意識を獲得するのか、を示さねばならない。(9)当然、この方法論的なパースペクティヴ転換をすることによって、フィヒテの法論とその初期の知識学全体との関係に関わる一連の問題が生じる。自己意識の包括的な構想のアプローチにおける相互主体性の位置づけに関連する諸々の問題の少なくない部分は、超越論的演繹の二つの構想相互における、説明することが困難な関係から生じる。しかしそれでも、哲学的知とテーマとなる意識とを区別することで、フィヒテが有限な主体の自己意識の構成をどのように考えることで「促し」の導入にいたったのかということを、手短に再現することは可能である。

フィヒテは、有限な主体が自己意識に到達しうるために、専門的な知見を備えた哲学者の視点から見て有限な主体に求められねばならない最初の要求を、彼の著作の第一定理において定式化する。そこで再現されている思考の歩みは本質的に、ここではやはり時間空間的に存在する経験的な人間の意識だけが問題になるという制限がついている点で顕著な違いがあるにせよ、すでに初期の知識学から周知のものである。つまり、そのような存在者が自分の主体性の意識に到達しうるためには、その存在者は自分自身を、さまざまな制約を課す世界においてなお「自由な実働性（Wirksamkeit）」をなすことができる主体として「措定する（setzen）」ことができねばならない。その際「自由な実働性」が意味しているのは、自己措定された目標に向かって活動的になろうとする能力である。それに対して、この目的に導かれた活動性がさまざまな制約を課す世界を前提として生じなければならないという追加規定は、テーマ化されている主体が有限な存在者であるということから生じる。こうしてフィヒテが彼の議論の第一歩で示すのは、人間個人が自分をまず第一に認識《エピステーミッシュ》の主体として把握するなら、その者は、自分にすでに述べたような「自由な実働性」の能力が備わっていると見なすことはできないということである。というのも、ただ認識的にのみ、または理論的にのみ世界に関わると考えるならば、有限な個人は客観的と構想された現実に強く依存するようになるので、自己措定された目的を目指して活動する能力がないのである（18/19=44）。もちろんフィヒテがただちに強調するのは、外的現実が自立した世界という性格を持つのは、ただ有限な主体の視点からだけであって、脇から眺める哲学者には、外的現実もまた、最終的には自発的に活動する自我が産出するものであるということが分かっている、ということである（18=29）。したがってここでもまた明確になるのは、自然法論文の全議論に対してこの二つのパースペクティヴの区別が決定的であることである。

上述の、単に理論的な態度、または「世界直観（Weltanschauung）」（18=29）の主要な欠陥からこうしてすでに間接的に生じているのは、フィヒテの議論の次の歩みの帰結がどのようなものであるに違いないのか、である。人間個人が自己を世界と向き合い認識する存在者としてだけ把握するために、この個人が自分の主体性の意識にいたることができない際には、実践的自己関係への確固たる転換だけが求められる帰結を導きうるのである。それに応じてフィヒテが定式化するのは、次のことである。すなわち、「実働性（Wirksamkeit）への自由な自己規定」（19=31）だけがまさしく、有限な主体を自分自身の主体性に到達させることができるために、この主体の現実する関係が備えることができなければならない特性を提示しているのである。そのように描かれたテーゼがより明確になるのは、フィヒテにとってどんな意識活動が「実働性への自由な自己規定」と内的に結びついているのかが、より精確に問われるときのことである。第一に、「自由な自己規定」のそのような行為は実践的に方向づけられた目標措定を含んでおり、それがふまえているのは、主体が現実において実働性を発揮しうることに関する普遍的概念を形成しうるのでなければならないということである。というのも、フィヒテが前提したのは、実践的に活動的になることを欲するためには、私は、私が世界のどのような点に介入すればよいかを示してくれる目標をあらかじめ描いているのでなければならないことである。フィヒテによれば、「作用意欲（Wirkenwollen）」としての目標措定の行為を通じてはじめて、主体は自らその権威を認める自由を意識しうる。それに応じて、同じ項に関する「系（Corollaria）」では、次のように述べられている。つまり、

「意欲」においてのみ理性的存在者は自分を「直接に」知覚する（20=32f.）。しかし他方で、彼らは世界における実践的変化を目指すので、各々の個人的な目標設定には、現実の状況についての「表象する」意識も関与していなければならない。まさしくフィヒテが言うように、自己規定された作用意欲の指示のもとで、個体的意図にとっての意のままにはならない障害と見なされる「客体」が世界において際立ってくるのであり、その後にこれらの障害は活動によって取り除かれうるのだ。そのかぎり、「実働性への自由な自己規定」には、自我を成り立たせる自由と、世界へのその有限な依存との二重の経験がともなう。つまり、実践的な目標設定、すなわち「作用意欲」のなかで有限な個体は、自らを自己規定をなしうる主体として意識するにいたるが、それは主体が活動するなかで（私たちから）独立したものとして表象される現実を自己措定された目標に従属させうるからである。

　ここまでのところ、フィヒテのテキストから疑問の余地なく明らかなことは、以上のように描かれた意識の態度が今まで、単なる要請としてだけ有限な主体に向けられていることである。フィヒテが言いたいのは、個体が自分自身の有限な主体性の意識に到達しうるのは、個体が実践的目標措定の瞬間に自らを絶対的であると同時に制限された自我として知覚することができるときだけである、ということに他ならない。それに応じて、超越論的演繹の枠組みにおいていまだに解明されていないのは、いかに個体的主体も実際に、主体が自分を自発的な活動性において同時に目標措定の主導者として把握することができる、一種の実践的自己関係に到達しうるのかということである。フィヒテにとってこの問いに答えることが特別困難なのは、次のような諸々の問題と密接に関係しているからである。すなわち、それらの問題とは、今までテーマ化されていなかった想定から生じるのであり、その想定によると、個体が作用意欲を抱いた瞬間に、同時にはじめて自由な主体として自分を知覚し、そうすることによって自己意識に到達しうるというのである。というのも、個体が自己規定的で自由な存在者としての自分自身の性格をまだ意識しえないとき、どのように個体が自発的に、実践的に影響の大きい目的の措定を決意することが可能なのかが不明であるからである。また、目的措定の遂行中に、この活動自体に意識を向けなおし、しかもそれによって自発的な遂行という性格を壊すこともなければ、目的を生み出す自己活動の源泉としての自己を見失うこともないなどということは、どのように考えれば可能なのだろうかも不明だからである。このようなパラドクスこそが、フィヒテを超越論的演繹の歩みのなかで、第二定理の核をなす驚くべきテーゼの主張に向かわせたのである。そのテーゼにしたがうと、有限な主体の自己意識の条件を今まで素描された意識の態度からだけ演繹しようとすれば、哲学者はある種の循環に巻き込まれることになるのだろうが、こうした循環は、相互主体的な「促し」を想定することによって避けられうる、というのである。

Ⅱ

第二定理のフィヒテの説明と基礎づけは理論的驚きに満ちており、そこにはとりわけ、初期の知識学の哲学的前提とただちには一致しない二つの洞察が含まれている。フィヒテはここでまず最初に、彼の著作の他のいかなる箇所よりも強く、望まれる限りの明確さではっきりとさせるのは、個人的自己意識の超越論的演繹が孤独な反省の関係に結びついているままならば、パラドクスに陥らざるをえないということである。そのようなパラドクスの解決の提案の枠組みにおいて、フィヒテが第二に「促し」によって導入する事実は、時間空間的な出来事の性格を持っており、それゆえ、超越論的手続きにはそぐわない「経験的なもの」があやまって超越論的手続きに紛れ込むことになる。[10] しかしながら、「促し」のもとで本当にある種の経験的で超越論的なものが問題となっているのかという問いが適切に答えられるのは、その前にフィヒテによって想定された循環が、より詳細に探求されるときのことである。

フィヒテは、第二定理が導出されるべき循環を、時間的な事後性（Nachträglichkeit）のカテゴリーで記述しているが、そのカテゴリーは、後世においても初期ロマン派に結びついて自己意識の超越論哲学的構想のパラドクスが繰り返し熟考される際に用いられてきたものである。[11] フィヒテは今までの考察の成果を、次のようにまとめることができた。すなわち、有限な主体が自己意識に到達しうるのは、それが目標措定の根源的行為において、客体に働きかけると同時に、また同じ客体から規定されていることを知りえるときだけである。しかし同じコンテクストですでに示されているのは、そもそも実践的実働性のそのような最初の決意がなされうるのは、客体的なものという対立する領域の表象がすでに存在してすぐのことである。というのも、すでに自分の作用意欲という単なる理念が、客体の形式におけるなにかを前提することを必要とするからであり、それは障害として、その克服を目指して働きかけがなされるべきなにかである。それゆえ、主体が実践的な目標措定のゆえに自分を自由であると同時に有限なものとして経験する、そうした最初の根源的な瞬間が想定されえないのは、常にあらかじめ客体がすでに構成されていなければならないからであり、それはまたしても先行する措定行為を指し示すからである。したがって、フィヒテが第三節の冒頭から具体的に説明しているように、実体化された同時性は、実は反復的にさらにあとに繰り返される事後性の瞬間であることが判明する。「したがって、瞬間Z（実体化された同時性の瞬間——ホネット）は別の瞬間から、つまり、客体Aが措定され把握されているような瞬間から説明されなくてはならない。ところが、客体Aもやはり、別の客体Bから把握されえた、という条件がある場合にしか把握されえない。すなわち、Aが把握される瞬間もやはり先行の瞬間を条件にしてのみ可能であり、この事情は際限なく続いてゆく。自己意識はいっさいの意識をはじめて可能にするのだが、私たちは自己意識の糸を結びつけることができるような可能な点を、まったく見出せない。してみると、私たちの課題は解決されていないのである」（31=45）。

フィヒテがここで無限背進の形式において記述するものは、フィヒテ自身の言葉から離れて言い換えれば、アポリアの形態においても説明可能であり、この形態には、自己関係的な反省のモデルを用いる自己意識のすべての説明が陥らざるをえない。有限な主体が自己意識に到達するとされる行為が自分の自発的な自己活動と同時に起こる反省としてイメージされるならば、そのような意識的な確認の営みの中で主体性はその自由な性格を喪失し、一つの対象に転じてしまい、したがって反省されるべき自己活動が新たに前提されなくてはならないことになってしまう(12)。したがって、この第二の定式において主体的な要素に着目して、フィヒテが彼のテキストの中で客体的側面に関して説明したのと、原則的に同じことが繰り返される。つまり、主体が自己反省の営みの中で自分を「自ら自己活動へと規定していると見る」（33=47）ことが常にできないのは、この主体が、共に考えられるべき客体のなかか、追体験されるべき自分の活動のなかのどちらかで、自己措定をやはり反省的に確認しようとする自由な自己措定をもう一度前提せざるえないからである。

私たちが二百年の思考の歴史における距離をとって振り返るならば、フィヒテは彼の議論のこのやっかいな点において、最終的には三つの選択肢のなかから選択しえたはずであった。第一に、彼にとって可能だったかもしれないのは、反省的確認の永遠の事後性という明らかになった事情から、次の原理的な結論を導くということである。すなわち、主体の自由な自己措定が、常に前もって、主体の意のままにならない、いわば匿名の自己活動という様相において営まれるというものである。このように示唆される道の延長上に、数年後にフリードリヒ・シュレーゲルが初期ロマン主義者のサークルにおいて企てた解決の試みがあろう。その際にシュレーゲルは、主体の美的な反省性という能力を芸術そのものに置き換え、そうすることによって観念論的伝統の主体哲学的な枠組み全体を粉砕したのである[13]。応答の二番目の可能性がありえたかもしれないのは、フィヒテにとっては個体的な自己確証をもはや（認識的《エピステーミッシュ》な）反省性のモデルにしたがって規定するのではなく、絶えざる事後性という循環を開くために前反省的な感情状態のモデルにしたがって規定することである。そうした傾向が顕著な道において見られる解決の試みは、今日ではディーター・ヘンリッヒの画期的な仕事にしたがい、一連の哲学的著述家によって企てられた。そしてそこで彼らは自己意識の条件への問いを、前もって自分自身について熟知していることを引き合いに出すことで答えようとしたのである。[14] 最後に、フィヒテにとって第三の選択肢として選べた考えは、同時に起きる自己反省そのものという逆説に満ちた課題自体が結果としてなくなるようなかたちで、自分の主体性の確証を個人に自ずと要求するのではなく、この確証を相互主体的に媒介された期待への反応としてとらえる、というものである。これが後にヘーゲルからフォイエルバッハを経て、G・H・ミードやハーバーマスといった哲学者によって切り開かれた道であり、彼らは主体性を先行する相互主体性に原則として依存するものとして概念化しようとするのであった。[15]

さて、次に示すように、フィヒテは自明であるように、この第三の解決の選択肢を先取りした。そしてこのことが関係しているのは、第一に、そしてなによりも、個体的な法意識を自己意識の構成的な条件として示すという彼の研究の意図である。というのもそれができるためには、やはりフィヒテにはなんらかの仕方で、主体性自身の反省的確証が、他の人格の規範的に規制された要求を意識的に考慮することなくしては不可能であることが示せなくてはならないからである。すでに描かれた循環を相互主体性理論的な仕方で解決するという、自然法論文の中心的課題からもすぐに思い浮かぶように、たしかにフィヒテには、彼が選んだ道を正当化するということとは、関係のない理由もあった。無限背進の描写がますます顕著となり最終的に到達した地点で、フィヒテは解決のアプローチを第一に、知識学の方法的な模範にしたがい総合形成の意味において呈示する。自己措定の無限の先行性の理由に関して、フィヒテは次のように述べる。「この理由は除去されねばならない。ところでそれは次のようにしてのみ除去することができる。すなわち、主体の実働性が客体と同一の瞬間に総合されており、主体の実働性はそれ自身、知覚され把握された客体であり、この客体は主体のこの実働性に他ならず、それゆえ両者は同じである、と想定できればよいわけである。このような想定を行いさえすれば、我々はそこからさらに先行する総合へと駆り立てられずにすむであろう。そうした総合だけが、自己意識を制約するものをそれ自身のうちに含み、自己意識の糸が結びつけられる点を与えるであろう」(32=46)。フィヒテがここで目指している解決策は、最初にはただ、次のように自己反省の行為をとらえようとする純粋な思考可能性だけを前もって考慮している。つまり、この自己反省の行為においては、必然的に対峙してくる客体そのものに主体性のすべての性質が備わっていると考えられているのである。というのも、そのような場合には、個体が自分自身の作用意欲の確証において常に、一緒に眼前に存在していると思い浮かべなければならない対象それ自体が作用意欲の源泉ということになり、結果として先立って行われている措定への遡行の強制がなくなるだろうからである。しかし、フィヒテが先に引用した文で展開した思想は、もう少し先に行っている。なぜなら、客体の変化した性格によって主体の反省されるべき実働性も異なる形態を受け取るからである。つまり、その主体の実践的な目標措定が、それ自体で〔主体の〕実働性を目指してくる対象と出会うとき、この実働性は、むしろ目標への反応という意味において、つまり主体自身を目指す目標をはっきりと思い浮かべるという意味において理解されねばならない――フィヒテがここで「主体の実働性がそれ自身、知覚された把握された客体」であると言うとき、他のことを意味しえないのである。かくてフィヒテにとっては当初、方法上の理由に基づくだけであった総合形成の歩みから、今までは主体と客体の図式にしたがって考えられた対立を相互主体性の関係に解釈しなおすというヒントが生じてくる。それに応じて、主体は、共同主体となった客体から主体に向けられる規定、目標措定の受け手へと転化するのである。

しかしながらこの新たな相互主体的な構造が、自己意識の上述の循環を解消するというそれに付与された課題を満たしうる前に、さらに付け加えられねばならない前提がある。この限定についてフィヒテは、さしあたりそのテキストにおいては、ただついでとして述べているにすぎない。個体は自己規定の行為を追体験することにおいて自分の主体性を確証すべきであり、私たちがこの自己規定の行為をもはやある客体との対立としてではなく、他の主体への反応として考えるならば、要求される意識化はただ次の特別な想定のもとでのみうまくいくのである。その想定によるならば、第二の主体から自由への規定が由来する。つまり、両方の出会う主体のあいだで、ある種の相互作用が生じなければならず、その相互作用とは、最初の主体が自己措定の自分自身の自由を用いることを、第二の主体から促されるのを見るというものである。フィヒテが彼のテキストで最初に、ただしどちらかということのついでに「促し」の概念を用いるとき、フィヒテが眼前にするのは、まさしく相互主体性のそのような形式である。「両者（両性格つまり主体性と客体性——ホネット）が完全に合一していると言えるのは、主体が自己規定するようにと規定されているということ、実働するように決意せよという促しが主体に課せられていること、これを私たちが考える場合である」（32f.=47）。わずか二、三行の文章をはさんでフィヒテが挙げている理由は、このような「促し」の想定が過去への無限背進の強制を不必要なものとするだろうことを彼に確信させるものである。「それ（主体——ホネット）は、自分の自由な実働性の概念を得る。しかし、現在の瞬間に在るもののとしての実働性ではない。それでは正真正銘の矛盾となってしまうであろうからである。そうではなくて、将来の瞬間に在るべきものとしての実働性の概念を得るのである」(33=47)。

フィヒテが既述の循環の克服を期待する、解決のための鍵を含んでいるはずなのは、明らかにこの文の最後の部分である。しかし、どのようにして促しが未来と関わることの指摘が、そのようなこと〔既述の循環の克服〕を可能であるとするのかを理解するために第一にまず意味があるのは、議論の全体をもう一度手短に確認することである。私たちが見たように、哲学者が有限な個体の自己意識の演繹において循環に迷い込むのは、哲学者がその際個体の単なる自分の意識の働きだけに自己を限定してしまうからである。というのも、個体が自分で自由な目標措定をし、それをまったく同じ瞬間に反省的に確認することができ、そうすることによって自分の主体性の意識に到達すると想定するならば、それは必然的に、最初の自己措定を繰り返し新たに前提する点への後退につながるからである。したがってフィヒテが正しく見ているように、ある「外的衝動」(33=48)という前提が必要である。そしてこの外的衝動によって個体は、制限している客体に関係する瞬間に、はじめて自分の自己活動をはっきりと理解するのである。また、自ずと主体に対して一番最初に、主体自身の自由という考えを強制する客体は、それゆえ無限後退を余計なものとする。しかしそうした客体は、それもまた、最初の主体と特定の種類のコミュニケーションに入る、別の主体に他ならない。フィヒテは、そのように、最初の演繹の試みの主体－客体という対立に代わって現れる「自由な相互実働性」(34=48)の特殊な形式を、ここで暫定的に

「促し」の概念によって描く。つまり、最初の主体が自分の相手によって自己活動を要求されるのを経験し、結果として、この主体が反応できるのはただ、それが自分自身の応答しようとする姿勢を考慮する場合に、同時に自分の自由を確認することによるのである。

しかしこのように再構成してみても、名宛人の役割において「自分の自由な実働性の概念」を未来において存在するはずのものとして主体が経験にもたらすことに、フィヒテがどのように循環の解決をまず第一に、そしてそもそも期待しているのかは、まだ解明されていない。ここでさらに助けとなるのは、いかに「促し」というコミュニケーション的な行いがフィヒテによって詳細に規定されているのかを、もう少し精密に考察することである。彼の分析は本質的には（36=51）、話しかけられた主体が促しを「促し」として理解することができる条件を目指している。したがって前提されるのが第一にそのような発話（Äusserung）の事実である一方で、話しかけられた側からコミュニケーションの完成に貢献する、理解の営みは疑わしいものとして見られる。フィヒテがこの種の最初の条件と見なす事態とは、名宛人が自然因果性の強制から、促しをなす発話を通じて名宛人に出される、動機づけする形式とを区別できねばならないことである。つまり、原因と作用とのメカニズムにしたがって機能するのではなく「悟性」への訴えに媒介されて機能するような因果性を、「概念をあやつる能力のある存在者」（36=51）は、自分の源泉として前提する。したがって促しの理解にはすでに、他の理性的存在者が存在することが含まれていなければならない。しかし、話しかけられた主体が、その発話の起動者（Urheber）の理性的性格についてだけはっきり認識していたならば、話しかけられた主体は、促しを促しとなすものをまだ十分に理解していなかったことになるだろう。同時にまたその主体が自分の身に引きつけて思い浮かぶことができなければならないことは、その相互行為のパートナーが自分の発話行為を、次の想定と結びつけていることである。つまり、この想定において私たちは、根拠を理解し、したがって自由に基づいて行為しうる、そうした理性的存在者を、名宛人そのもののなかに見出すのである。

促しが促しとして理解できるのは、ある人格が、「はい」か「いいえ」によって「自己活動的に(selbsträtig)」それに反応できる名宛人として想定される場合だけである。というのも、もしその種の前提がなければ、単に物理的な強制と区別されたどんな特別な意義が促しにあるはずなのかが、洞察されえないだろうからである。それゆえ、フィヒテが促しの理解の第二の条件として想定する事態とは、促しを、自由に基づく反応、つまり理性的な態度決定を名宛人から期待する発話として把握することである。

本質的にただ一つの段落だけの解釈に基づく(36=51)この補足的な解明の助けを借りるなら、フィヒテが狙っていた循環の解消はより容易に理解される。彼の考察が目指すのは、個々の諸主体の自己意識の諸条件を、「促し」の理解の前提と同一視することである。つまり、ある個人が任意の促しを理解しうるのはただ、その個人が、理性的と考えられる話者の視点から、自由な自己活動(Selbsträtigkeit)、つまり理性的な反応へと促される人格として知覚されるときのことである。話者の側の促す発話と、強制されない自由な返答の期待が同時に現れるという事実は、その際自分自身を意識する瞬間がフィヒテにとって含んでいる、未来との関係を説明する。すなわち個人は、引き続き、すなわち未来において自己活動における答えを要求する、そうした発話の名宛人として自分を理解し、またこの瞬間に、自分自身の主体性を確証するのである。この解釈においてさらに、フィヒテがここで「促し」の概念をおそらく命令（Imperativ）という強い意味においてではなく、単なる呼びかけ（Anrede）という弱い意味において解してもらいたいと思っていることが考慮されてはじめて、これによって主張されるテーゼの輪郭が露わになる。つまり、彼が確信しているのは、哲学者が有限な個体の自己意識の可能性の条件を矛盾なく説明しうるのは、ただ、彼が、単独な主体の反省する営みからではなく、少なくとも二つの主体のあいだのコミュニケーションから出発するときなのである。というのも、呼びかけの状況が帯びる独特な強制の特徴をなすのは、ある個人がここで、相手の発話の意味を理解するためだけであっても、自分自身の自己活動を自分の相手のパースペクティヴから確証できねばならないことである。そのかぎり先鋭化して言うならば、フィヒテにとって、自己意識の可能性の条件は、呼びかけの理解のための暗黙の前提と一致する。こうして私たちは、フィヒテの議論の再構成におけるこの中間成果に到達した。それゆえ、私たちはここから、最初に彼の促し説の解釈の中心的問題と呼んでおいた問いに、戻ってくることができるのである。

Ⅲ

私たちの解釈の今まで描いてきた点までで疑問の余地がないように見えるのは、フィヒテは「促し」

の想定によって実際にはコミュニケーション的な行いについて言及していることである。しかし、この行いはさらにもう一度、主体による構成の営みが生み出すものと見なされてはならない。したがって知識学の超越論的哲学の枠組みは、ここで、経験的な諸主体の相互行為の強制を扱う著作において破壊されることになるかもしれない。なぜなら、自己意識の可能性は、個人が自由に扱うことのできないコミュニケーションという出来事に依存するものとして考えられるかもしれないからである。この相互主体理論的な解釈に関して、フィヒテの「外的衝撃（Anstoß）」（33=48）という言い方は、「促し」を単なる「事実」（35=50）として特徴づけることに他ならない[16]。他所と同じようにこの事実においても、コミュニケーション的な行いは、なにか経験的に先立つものとして規定されており、個体の自分の主体性についての自己確証もそもそもそれに拠っている。これと同じ方向を、さらにそれをふまえて示すのは、出会う双方の個人を「一つの全体的な出来事を統合する部分的構成要素」（34=49）として考察するというフィヒテの提案であり、同様にまた教育という社会的出来事を引き合いに出して行われる、「促し」についての具体的な説明である。これらを補足して次のように言うことができるだろう。すべての社会化する行為は、幼児には自分の目的を措定する能力があると想定することに他ならないから、すべての教育の過程においては、相互主体的な「自由な自己活動への促し」（39=55）が繰り返される、というのである。すべてのこれらの証拠となるものがまとめられ共通点が見出されるならば、このようにフィヒテは、経験的な前提としての個体的な自己意識の可能性の重要な条件をなす、そうした特殊な形式の相互主体性という社会的事実を考慮しているように思われるのである。そのようにほのめかされる結論があとでもう一度疑問に付されることになるだが、その前に、まず手短に調べてみなければならないのは、どんな特別な種類の相互主体性をフィヒテは、その論理構成においてもともと思い描いていたかということである。

議論の過程のなかですでにはっきりしているのは、フィヒテがその「促し」の概念によって厳密な意味で命令を考えていたはずがないということである。なぜなら、命令であるということになれば名宛人からはやはり、なんらかの仕方で、態度の取り方においてそもそも意図されている自由が奪われことになるだろうからである。彼がこの特別な概念を選んだのはむしろ、他の人間から理性的能力のある存在者の反応が期待されるという意味で、他の人間からのすべての呼びかけには、ある要求が含まれているという事態をはっきりと描き出すためであった。その関連からフィヒテにとって見れば、すべてのコミュニケーション的な発話行為は「促し」なのである。なぜなら、その発話行為によって二人称がその「自由な実働性」を用いるように動機づけられるとされるからである。相互主体性のこのモデルは、そうした弱い意味において実際に、規範的内容を含んでおり、このモデルの助けを借りてフィヒテは、自己意識の循環を突破しようとする。規範的内容とはすなわち、自分の相手にコミュニケーション的な仕方で語りかけるすべての人間は、話すという行い（Redeakt）の営みにおいて、自分の相手に少なくともに強制されずに応答する可能性を認めるよう義務づけられていることである。反対に、語りかけられることによって発話の名宛人になった者にも、妥当な理由によって、自分の理性能力の使用が要となる応答を期待しうるのである。しかし、フィヒテは第三段落において、この規範的内容について語る以上に、「促し」の概念を詳述することはない。それどころか彼は、――それは法意識の演繹にとって中心的な意義をなすだろうが――呼びかけ（Anrede）という一面的なモデルを相互承認という両側面的なモデルに拡張することもしない。したがって、フィヒテによって記述された「促し」の発話行為を、彼に意図されたものを大きく越える道徳的内容によって満たそうとするならば、それは誤解を招くものになるだろう。名宛人はここでは、単なる呼びかけによって、――レヴィナスの現象学的に基礎づけられた倫理学が認めようとしたように――一方的な気遣いという道徳的行為に義務づけられているのではなく、[17]むしろ暫定的に理性と自由における反応にようやくかろうじて義務づけられているにすぎない。当然ながら、フィヒテが次の段落ですでに示しているのは、「呼びかけ」に応答することにも、呼びかけてくる相手に対して自由の領域を〔応答する側で〕認めるという義務への理解に含まれているということである。また、この自由の領域は、呼びかけてくる相手が、話すという行為の営みによって自分自身に与えていたものである。もっともこの結論はどう見てもまだ、「促し」という概念の次のような構成要素をとらえてはいない。ここでまだ確認されていない構成要素には議論において、とりわけなんといっても自己意識の循環を克服する相互主体的な可能性を素描する、そうした機能があると見なされるのである。

最後にまだ残されている問題とは、フィヒテが自分で暴露したパラドクスを、自己意識の超越論的条件をある種の促しを理解するという前提と同一視するという考え方によって実際に解消しえたのかである。その際に、次のことを見失ってはならない。つまり、ここで引き続き話題になっているのは、自分の自己活動の根源的意識に到達するために、事情に精通した哲学者の視点から見て有限な主体が営みえなければならない、自己反省の行いだけであるということである。フィヒテの解決提案が投げかける重要な困難が生じるのは、たしかに、いかなる呼びかけを理解しようとも基本的な自我意識が前提となる、という事実をフィヒテが過小評価しているからである。私の相手の言語による表現を名宛人としての私に聞き手として関係づけることができるために、私は前もってすでに、どのようなものであれ、世界から区別された私の自己の意識を持っていなければならない。それは、私が呼びかけの二人称のなかで、私自身を〔相手に〕考えられた主体として認識しうるためである。したがって、根源的現象としての自己意識は、他我（Alter ego）の言語的に表現されたパースペクティヴの引き受けからのみ説明されえず、むしろ先行的な（vorgängig）、それ自体は反省的なあり方をしていない自己感覚に依存していると見なされなければならない。興味深いことにこの反論は、今日、精神分析と実験的な乳児研究の交差点における発生的な観点のもとで討議されているような諸問題に関わっている。ここでも近年、経験に基づいて研究を進める一連の学者から提起されるのは、準拠人格と子どものあいだのすべての相互行為以前でさえ、ある種の基本的な自己感情を想定することである。こうした基本的な自己感情を持ち出すならば、そもそも環境のコミュニケーション的な行いという、身体に中心化した知覚をようやく説明することができるようになる。[18] そのように考えることが自明であるように見えるので、フィヒテが完全にそれらを見落としたかもしれないと想定するのはたしかに軽はずみに思えるほどである。むしろ彼のテキストに目をやる場合に意味があるのは、法の個人的意識の諸条件の説明のために異なる重要性を持つ、自己意識の二つの局面を取り上げることである。つまり、言語的コミュニケーションのすべての形式にすでに自分の自己の反省以前にある意識が先立っているに違いないことを、一方でフィヒテも否定しないだろうが、他方で彼は本来は、自律的に行為することができるという意識のなかにある、反省された自己関係の一種に興味を持っているのかもしれない。フィヒテが「促し」の定理を用いて説明しようとしたものは、自己意識のこの局面、すなわち自分の自己活動の意識である。そのような自己意識は呼びかけの基礎的諸条件によって成り立っているという理解を導いたことで彼は、ヘーゲルからG・H・ミードを経てハーバーマスにまでいたる哲学的伝統に道を用意したのである。

　基本的な自己感覚と本源的な自己意識との、説明上の区別は、認識的《エピステーミッシュ》な自己意識と実践的な自己意識との間の区別と取り違えられてはならないのであり、この前者の区別にしたがうなら、第二定理そのものよりはその後のテキストの展開に関わる、二つの問題がなおも残っている。第一に、まだ本当に見抜かれていないのは、いかにフィヒテが、呼びかけの理解の今まで描かれていた前提から、個人的法権利の意識において前提されているほど規範的に充足の難しい知の主張へと到達しようとするのか、ということである。というのも、これまで示されていたのは、ある聞き手は理解の営みのなかで自分が理性的であることと同時に、自分の相互行為パートナーも理性的であることを確かめうる以上のことではない。その他方で、個人的な法意識の中にはそれを越えて少なくともまた、法共同体のすべての構成員が同一の規範的理由に基づいて自分の根源的自由を相互に制限したことについての実践的知が含まれていなければならない。それと関連して、ここではすでに次の疑いが生じている。つまり、フィヒテが理解の実践的前提の分析を、最終的に望まれた結果に到達するために、実際に十分広く設定したのかどうか、ということである。いずれにしても個人的な法意識には、相互主体的な呼びかけを理解する際に常に同時に行われている、そうした自己確証という行いの結果として証立てられえたものよりも、多くの知が根づいているのである。

これまでまだ明らかにされていない、第二の問いが関わっている問題とは、赤い糸のように私たちのすべての説明を貫いており、そのものとしては今まで直接テーマ化されることがなかったものである。フィヒテはここで法意識の超越論的分析を、経験的で有限な個体の意識を扱うという方法論的前提のもとで遂行している。この事態から生じるのは、相互主体性という根底に置かれた構造の位置づけに関する不明確さである。というのも、フィヒテにとって促しの相互主体的な行いが、有限な主体の視点からのみ外的な超主体的な（transsubjektiv）性格を持つものとして描かれる一方で、専門的な事情に通じた哲学者ならば見かけだけ「外的な」この事実が、超越論的に構成されていることをも知っているかもしれないからである。ここに根があるアンヴィバレンツを解決する際に、フィヒテが『自然法の基礎』において引き続き彼の『知識学』のモノローグ的な枠組みにとらわれ続けているのか、それともすでに相互主体主義的な慣習の大地へ踏み出したのか、という問いに対する答えが決まってくる。つまり、ここで法意識の必然的な条件として理解される、促しという相互主体的行いが、分析する哲学者の視点からも、先行的なまたは外的な、つまりそれ自体は主体的に構成された事実ではないならば、実際には相互主体性理論への道が開かれているのかもしれない。それに対して、この行為が哲学者の事情に通じたまなざしのもとで、外的なものであるのは見かけ上でしかなく、本当は超越論的に実働的な主体の生産性によってだけもたらされたものであることが暴露されるなら、フィヒテの著作の展開の中でモノローグ的な前提は残り続けるだろうし、相互主体性説は超越論哲学的プログラムの一部分ということになるのかもしれない。

フィヒテが自然法草稿の第二定理を記述し基礎づける数頁に基づくだけでは、この問いには明確に答えることができない。しかし、超越論的分析から本来の法論への移行を含む、それ以降の一連の章句からは、むしろ第二の主観哲学的な読み方が浮かんでくる。というのもここでは、相互に構成し合う主体たちの多数は再び、普遍的で世界産出的な主体という単数へと還元されるかのように見えるからだ。(19) そのように描かれる緊張は、フィヒテの著作において展開された相互主体性論の魅力をなすだけではない。この緊張はまた、なぜフィヒテが今日にいたるまで途切れることなく、相互主体主義的伝統の開始者として見なされうるのか、ということを明らかにするのである。

原注

（1） J. G. Fichte, *Grundlage des Naturrechts nach Principien der Wissenschaftslehre*, 以下から引用。Fichtes Werke, herausgegeben von Immanuel Hermann Fichte 1845/46; Neudruck Berlin 1971, Bd. III, S. 1–385〔藤澤賢一郎訳『知識学の原理による自然法の基礎』（『フィヒテ全集　第6巻』所収）哲書房、一九九五年、一—四五六頁〕, hier: S. 304〔熊本忠敬訳『学者の使命に関する数回の講義（一七九四年）』（『フィヒテ全集　第22巻』所収）哲書

房、一九九八年、二〇頁〕. テキストにおけるすべての頁の指示は、この著作集による。

（2） Vgl. Peter Baumenns, *Fichtes ursprüngliches System. Sein Standort zwischen Kant und Hegel*, Stuttgart 1972, S. 175ff.; W. Weischedel, Der frühe Fichte, Stuttgart 1973, S. 14ff.

（3） Vgl. Ludwig Siep, *Anerkennung als Prinzip der praktischen Philosophie*, Freiburg/München 1979, I, 1; Andreas Wildt, *Autonomie und Anerkennung, Hegels Moralitätskritik im Lichte seiner Fichte-Rezeption*, Stuttgart 1982, II.

（4） Vgl. W. Weischedel, *Der frühe Fichte*, a. a. O.

（5） Vgl. Robert R. Williams, *Recognition. Fichte and Hegel on the Other*, Albany, New York 1992, S. 67, Fn. 43.

（6） Vgl. Ludwig Siep, »Einheit und Methode von Fichtes ›Grundlage des Naturrechtes‹«, in: ders., *Praktische Philosophie im Deutschen Idealismus*, Frankfurt a. M. 1992, S. 41–64〔ルートヴィッヒ・ジープ、『ドイツ観念論における実践哲学』上妻精、哲書房、一九九五年、六一—九七頁〕; Wolfgang Kersting, »Die Unabhängigkeit des Rechts von der Moral«, in: Jean-Christophe Merle（Hg.）, J. G. Fichtes »Grundlage des Naturrechts«,（Klassiker Auslegen）, Berlin 2001, S. 21–38.

（7） テキストの法哲学への影響についての妥当な考察を示しているのは以下：Kahlo, M./Wolff, E. A./Zaczyk, R.（Hg.）, *Fichtes Lehre vom Rechtsverhältnis. Die Deduktion der §§1–4 der Grundlage des Naturrechts und ihre Stellung in der Rechtsphilosophie*, Frankfurt a. M. 1992.

（8） Vgl. Frederick Neuhouser, »The effeciacy of the rational being«, in: Jean-Christophe Merle（Hg.）, *J. G. Fichtes »Grundlage des Naturrechts«*,（» Klassiker Auslegen«）, Berlin 2001, S. 39–50.

（9） Vgl. Ludwig Siep, »Einheit und Methode von Fichtes ›Grundlage des Naturrechts‹«, in: ders., *Praktische Philosophie im Deutschen Idealismus*, a. a. O., S. 42f.〔ルートヴィッヒ・ジープ、『ドイツ観念論における実践哲学』上妻精、哲書房、一九九五年、六三頁以下〕

（10） Vgl. Ludwig, Siep, »Einheit und Methode von Fichtes ›Grundlage des Naturrechts‹«, in: ders., *Praktische Philosophie im Deutschen Idealismus*, a. a. O., S. 45f.〔ルートヴィッヒ・ジープ、『ドイツ観念論における実践哲学』上妻精、哲書房、一九九五年、六六頁以下〕

(11) Vgl. Manfred Frank, »Fragmente einer Geschihte der Selbstbewußtseins-Theorien von Kant bis Sartre«. 以下の後書き。Ders. (Hg.), *Selbstbewußtseins-Theorien von Kant bis Sartre*, Frankfurt a.M., 1991, S.413–599.

(12) Vgl. Dieter Henrich, *Fichtes ursprüngliche Einsicht*, Frankfurt a.M. 1967.

(13) Vgl. Christoph Menke, »Ästhetische Subjektivität. Zu einem Grundbegriff moderner Ästhetik«, in G. von Graevenitz (Hg.), *Konzepte der Moderne*, Stuttgart 1999, S.593–611/

(14) Vgl. Dieter Henrich, »Selbstbewußtsein, Kritische Einleitung in eine Theorie«, in: R.Bubner, K.Cramer, R.Wiehl (Hg.), Hermeneutik und Dialektik, Bd. I, Tübingen 1970, S.257–284; Manfred Frank, »Fragmente einer Geschichte der Selbstbewußtsein-Theorien von Kant bis Sartre«, Nachwort zu: ders. (Hg.), *Selbstbewußtsein-Theorien von Kant bis Sartre*, a.a.O.; Ulrich Pothast, »Etwas über ›Bewußtsein‹« in: K. Cramer u.a. (Hg.), *Thorie der Subjektivität*, Frankfurt a.M. 1987, S.15–43.

(15) George H. Mead, *Geist, Identität und Gesellschaft*, Frankfurt a. M. 1968; Jürgen Habermas, »Individualisierung durch Vergesellschaftung. Zu G. H. Meads Theorie der Subjektivität«, in: ders., *Nachmetaphysisches Denken*, Frankfurt a.M. 1988, S.187–241.〔『ポスト形而上学の思想』藤澤賢一郎・忽那敬三訳、未來社、一九九〇年、二三〇―二九八頁〕

(16) Vgl. Ludwig, Siep, »Einheit und Methode von Fichtes ›Grundlage des Naturrechts‹«, in: ders., *Praktische Philosophie im Deutschen Idealismus*, a.a.O., S.45f.〔ルートヴィッヒ・ジープ『ドイツ観念論における実践哲学』上妻精、哲書房、一九九五年、六六頁以下〕

(17) Vgl. Emmanuel Lévinas, *Totalität und Unendlichkeit. Versuch über die Exteriorität*, Müunchen 1987, bes.Kap.III.〔エマニュエル・レヴィナス『全体性と無限（下）』熊野純彦訳、岩波書店、二〇〇六年、第三部〕

(18) Vgl. Daniel N. Stern, *Die Lebenserfahrung des Säuglings*, Stuttgart 1992, Bes. Teil 2.〔D・N・スターン『乳児の対人世界・理論編』小此木啓吾・丸田俊彦監訳、神庭靖子・神庭重信訳、岩崎学術出版社、一九八九年、特に第二部〕

(19) Vgl. Jürgen Habermas, »Individuierung durch Vergesellschaftung. Zu G. H. Meads Theorie der Subjektivität«, in: ders., *Nachmetaphysisches Denken*, a.a.O., S.199.〔『ポスト形而上学の思想』藤澤賢一郎・忽那敬三訳、未來社、一九

九〇年、二四五頁以下〕

第三章　第三者の破壊的な力について
——ガダマーと、ハイデガーの相互主体性理論

ハンス＝ゲオルク・ガダマーへのヘーゲル賞授与に際しユルゲン・ハーバーマスが述べた有名な祝辞には、ライトモチーフとして「ハイデガー地方の都市化」という見事な表現が見られる。この考え方によると、ガダマーは、他者へと解釈学的に開かれることによってハイデガーの哲学から「頑固で強情なもの」を取り除き、したがって、〔ハイデガーとのあいだの〕隔たりを縮めることでハイデガーの哲学を「しっかりした地盤」の上に据えており、こうしてガダマーはハイデガーの哲学を徹底的に都市化することができたという(1)。ところで、ハーバーマスのこの考察は、一見してそう見えるよりもはるかに種々のアンビバレンスにとらわれている。というのは、ハーバーマスが決定的に重要な箇所でそのメタ

ファーを根拠づけるときに用いる「しっかりした地盤」という言い方は、読み手にとって、「都市化（Urbanisierung）」というよりむしろ「開墾（Urbarmachung）」のプロセスを思い浮かばせるからである。〔この二つの語の〕最初の部分はたしかにほぼ同一であり、両方の概念の表している事象が大きく異なるということはほとんどないのかもしれないが、これらの語が示しているのはそれぞれ次のことである。すなわち、「都市化」によって社会学的に理解されるのは、都会的‐市民的な生活形式の定着ということであり、これに対し、「開墾」が古くから表しているのは、畑地であろうが牧草地であろうが植林地であろうが、経済的に無益な土地を有用な「しっかりした」地盤に変えるという手間のかかる面倒なプロセスのことである。したがって、ここで考えていることに転用するなら、「都市化」という第一の場合に私たちが関わるのは、ハイデガー哲学のモチーフを文明化することであり、つまりはそのモチーフをコスモポリタン的に世界に開かれているものにつくり変えることである。これに対し、「開墾」という第二の場合に私たちが関わるのは、ハイデガー哲学のモチーフをそれ自身の地所において実り豊かにすることであり、ハイデガーによって元々考えられていたことの生産性を高めることである。

ハーバーマスによって意図せず引き起こされたこのアンビバレンツこそ、哲学的解釈学というガダマーの理念のあいまいさを詳しく研究するために、私が以下で鍵として用いたいものである。ハーバーマスにおいてもそうであったように、ここで本質的に問題とすべきなのは、ガダマーがハイデガーの中心的モチーフを、自分自身のプロジェクトに役立てるためにどのような仕方で引き継いだのか、である。その際、私が考察の焦点としたいのは、『真理と方法』第二部の鍵となる章である。ガダマーはそこで、相互承認の経験の多様な諸形式と比較することで、「解釈学的経験の本質」を説明しようと試みている。ここに見られるのは、ガダマーの研究の進展にとって中心的な論拠であり、すなわち、それは、歴史的伝承の経験の「最も高次のあり方」が、次のような相互主体性の独特の形態に対応させて把握されねばならないということである。つまり、「互いに対し開かれている」という様態での「人間どうしの真の結びつき」によって特徴づけられた相互主体性の形態である。(2) ガダマーのこのような思考の進め方について、その問い直しへの、それどころか疑念へのきっかけとなっているのは、史的意識と相互主体的承認の諸形式それ自体とが並置されていることではない。むしろ、〔ガダマーによって〕そこで構想されたのは、一つの方法上の転換である。つまり、人間どうしの交わりの諸形式のなかに対応するものが探し求められることにより、そもそもはじめて、歴史的伝承に対する態度を規範的に分析できるようになるのであり、その点で、この方法上の転換は、非常に有益である。これに対し、驚くべきなのは、ガダマーがその比較に際しもっぱら次のような承認形式だけに限定しているという事実である。すなわち、第三者がなかに入ってくることがまったくない承認形式であり、常に「わたし(Ich)」と「きみ(Du)」の出会いの「直接的な」諸形式だけを表すという承認形式である。私が示したいのは、このような限定には、ハイデガーの「共同世界(Mitwelt)」の構想を引き継ぐ一つの特殊な形態が表れており、それは、「都市化」の方向というよりむしろ「開墾」の方向を指し示していることである。のみならず、さらにこのことによって暗黙のうちに、史的意識が理想的なあり方ではどんなかたちを取らねばならないかについても、あらかじめ規範的に決められてしまったのである。

私は、以下の仕方で議論を進めていきたい。まず、ガダマーは相互承認の諸形式と対比させて史的意識のさまざまな類型を階層化しているのだが、その思考の歩みを、ごく大まかに概説する。その過程ではっきりしてくるのは、歴史の現在化（geschichtliche Vergegenwärtigung）の他のやり方に対し「解釈学的意識」が優位にあることを根拠づけることにとって、相互主体的関係におけるその対応物を指し示すことがいかに重要か、である（I）。ここから出発して、そのあとで私は、私の問いの本来の核心に移ることができる。私はそこで、ガダマーが解釈学的態度に対応する相互主体的現象ととらえている相互承認の形式を詳しく分析する。その際示されることになるのは、ガダマーのこの承認カテゴリーがどうして相互主体性の限定された形式しか表していないのか、ということだけではない。それのみならず、とくにまた、その承認カテゴリーを規範的に強調することが、ハイデガーの『存在と時間』の主要部分に見出せる「共同世界」の概念を引き継ぐことにどれだけ基づいているのかも、示されることになる（II）。この批判的分析に引き続いて、そのあとの最後の段階で、ようやく私は次のことを試みることができる。すなわち、ハイデガーの相互主体性モデルを不注意に受け継いだことから哲学的解釈学のプロジェクトの全体に対してどのような理論的な諸帰結が生じるのかを、おおよそ示すことである。ただしその際、私は、さしあたりのほんの試論的な推測にとどめざるをえない。というのも、それ以上詳しく論じることは、批判的評価の枠を超えてしまうであろうからである（III）。なお、あらかじめ断っておくが、以下で展開される議論は、ハンス＝ゲオルク・ガダマーがなしとげた成果の矮小化を助長することになってはならないし、また、そんなことは不可能である。二〇世紀も終わりの今日、その持続的でそれどころか絶えず増していく有効性や媒介者としての地位を考慮するなら、『真理と方法』で述べられたことほど、擁護を必要とする哲学的見地はおそらく他に見あたらないであろう。

I

ハンス＝ゲオルク・ガダマーは、『真理と方法』に関するその研究の第二部、最初の章ですでに、理解のはたらきを方法論的に狭くとらえることの誤りを明らかにし、これに対して理解のはたらきの遂行的性格（Vollzugscharakter）、つまり、その遂行的性格がいかにして先入見形成と地平融合の循環運動に基礎を置いているかを露わにした。その後、ガダマーは、論証を進めるなかで、自らのアプローチの鍵となる問題をヘーゲルの反省哲学を参照して導入し、この問題の解決に取り組んでいる。すなわち、いまや主導的問いをなすのは、それが意識によるものであるがゆえに合理的な自己訂正という不断の可能性をそれ自体に含んでおり、そのため、出来事としての性格よりむしろ反省的な性格を有する事象として、日常的な理解を把握しなくてもよいのか、ということである。理解についてのこの別様の解釈は、ガダマーにとって、哲学的解釈学という自分自身のプロジェクトをさらに追求しうる前にまず乗り越えなければならない一つの挑戦に違いないのだが、なぜそうなのかは難なく見てとれる。というのも、文字表現や口頭表現を理解することのすべてに反省による制御のチャンスがあること、これが実際に証明されるのであれば、人間の現存在の全体をなお特徴づけるとされている、その匿名の出来事としての性格が、理解ということから失われてしまうであろう。それゆえ、いまやガダマーが試みなければならないのは、理解の遂行的性格をはっきりと確証することで、理解の反省性の可能性を原理的に退けることである。ガダマーがこの目的のためにとる方途は、よく知られるとおり、次の点を立証することにある。すなわち、あらゆる理解は、私たちによって意図的に行われるというより、むしろ、私たちに向かって生じてくる、そのような経験の構造を有していることである。

ガダマーがその分析に際して取っているやり方は、根本においては、アメリカのプラグマティストたちが従来の経験概念を修正するときにすでに用いていたやり方と同じである。したがって、ジョン・デューイと同じく、ガダマーも、感覚与件の考え方で構想されたように経験を単なる認知的機能へと認識論的に狭小化することをまず批判しており、その次の段階では、日常に定着している行動諸期待が中断されることを、経験の本質的要素として強調している。すなわち、私たちは、習慣的な諸期待の正しさを感覚的に確認する場合には単にさまざまな経験をするだけだが、これに対し、なにか期待とは違うことが生じる場合、つまり自分たちの馴染まれた行為諸習慣が中断されるという否定的な場合には、もっぱら「なんらかの」目に遭う（»eine« Erfahrung machen）わけである。(3) ところで、この「本来の」経験の生産性は、ガダマーによれば、それに先立ち私たちが世界を解き明かしたときに用いているカテゴリー的な一般化の誤りをその「本来の」経験が私たちに伝えていることにある。それゆえに、こうした修正経験は、当該の事態についてだけでなく、私たちがそれまで妥当と見なしてきたさまざまな確信についてもより多くの知識を生むのであり、そのため、私たちは「限定否定」ないし「弁証法的経験」と言うことができる。ヘーゲルの『精神現象学』がここでの名づけ親であるように見えるが、しかし、ヘーゲルとは異なり、ガダマーは、この種の諸経験が続いていくプロセスを、完全な「絶対」知を保証する状態で終わるものとは見ていない。むしろ、先行する一般化の破綻を新たに経験することはどれも、常にまた私たちの諸々の確信がすべて原理的に可謬主義的であることについての自覚を高める。それゆえ、そうした経験の果てに一種の完成した認識がありうるわけではなく、新たな諸経験の意想外の価値に対するラディカルな開放性だけが存しうるのである。ここから、ガダマーが自分の分析の最初の中間成果と把握できる主張にいたるには、ほんの一歩しか要しない。すなわち、本当の経験ではいつでも、私たちの確信と行為確実性のすべてが暫定的であることが私たちに明らかになるのであれば、その場合、私たちがそこではっきり意識するのは、自分たちの実践的な生の遂行の原理的な有限性に他ならない。それゆえ、ガダマーの考えをまとめるなら、本来の経験とは「自身の歴史性の経験[4]」である。

この暫定的な結論がそれでもすでに示したとおり、私たちは人間の経験に関しては、なんらかの仕方で意図的に引き起こされうるもののことを語るべきではない。そうではなく、より適切なのは、自分たちの生の遂行が有限であるという洞察を私たちに生じさせる、そのような出来事についてここで述べることであろう。それゆえ、ガダマーが経験概念に関する自身の付論と結びつけている目標設定にあらためて立ち返るなら、いまや次の段階として、解釈学的な理解もまた経験としての性格を持つことを証明するという課題が生じてくる。というのは、ここまで述べてきたことにしたがうなら、それらの内在的な類縁性を説明することで次のことが示されるであろうからである。すなわち、どんな経験においてもそうであるように、理解において私たちは、特定の認識ないし洞察に反省的に達しうることを望むわけではなく、逆に、私たちのなかで私たちの知識の拡大が生じるのであり、その際、この拡大は、原理的に再度の修正に開かれ、それゆえ、終わりを知らないものだ、ということである。ところが、興味深いことに、ガダマーは、この証明とそれによる反省哲学の遺産への批判とを直接的な仕方では行っておらず、つまり、解釈学的意識について、それが真正の経験の遂行と同じであること示す、そうした根拠を明らかにするわけではない。むしろ、ガダマーは、わたし（Ich）ときみ（Du）とのあいだのコミュニケーション関係を分析するという回り道を選んでおり、そのコミュニケーション関係の遂行的性格を手がかりにして、歴史的伝承の理解においても見出されうる経験の形式を明らかにしている。このような間接的なやり方をしている理由は、次の命題から判明する。すなわち、私たちが解釈学的理解において関わっている対象は、相互作用関係の「きみ（Du）」と同じ独特の性質を持っており、つまり、その特性というのは、理解の主体に対しそれ自身の側から振る舞うことができることだ、ということである。それゆえ、解釈学的意識がどのような特質の経験なのか、これがはじめて完全に示されるのは、コミュニケーションという出来事に対応させて解釈学的意識が把握される場合である。すなわち、私たちがそこで対峙する「きみ（Du）」について比類のない経験に「出くわす」（eine einzigartige Erfahrung »machen«）、そうしたコミュニケーションという出来事である。

ガダマーにとって疑問の余地がないのは、相互作用関係に転じることにより、研究されるべき経験の特質もまた変わることである。私たちがここまで扱ってきたのは、私たちの行為確信の地平の諸断片がさまざまな純然たる対象物にぶつかって破綻する、そうした諸契機であった。これに対し、いま私たちが眼前にしている状況では、私たちの誤りを明らかにする審級そのものが、ひとりの人であり、それゆえ、行為の主体に対しそれ自身でまた行動を取ることができる。このことにより、しかし、分析が向けられる経験は「道徳的現象[5]」となる。つまり、少なくとも二人の人のあいだの関係の性質が決定的な意味を持つ「道徳的現象」である。たしかに、「道徳的」という表現を用いることは、ここではこれ以上正当化されない。しかし、この表現により考えられたのが、主体のそのつどの態度により相互作用の相手が全体として「影響をこうむる（Betroffenheit）」という事態であることは、明らかである。サルトルは『存在と無』のなかで人の承認を人の単なる認知的な把握から際立たせているのだが（本書〔本翻訳書〕の一二七頁以降を参照）、同様にガダマーも、人の経験と対象物の経験とのあいだを原理的に区別している。そして、サルトルにおいてもガダマーにおいても、自分以外の諸主体との交わりのなかでなされる経験の独自性は、相互作用の参加者が双方ともに互いに影響をこうむり合うという事実に基づき評価されるという。ただし、サルトルがこうした事態を名指して「承認」と言うのに対し、ガダマーは彼のテキストでは「道徳的」経験と言っているわけである。

相互主体性のこの「道徳的」特質は、なんといっても、ガダマーが以後、わたし（Ich）－きみ（Du）－関係のさまざまな形式を一つの順序に並べうるための基準として用いているものに他ならない。ガダマーは、そのあとで、わたし（Ich）－きみ（Du）－関係の諸形式に対応させて、さまざまな種類の史的意識をその順序に振り分けることを試みている。このように並置する方法で最終的に示されることになるのは、歴史の現在化（Vergegenwärtigung von Geschichte）のある特定のやり方が、相互主体的な交わりの道徳的にかなり要求度の高い形式に対応しているという理由だけですでに、それ以外のすべてのやり方より優れている、ということである。もちろん、その際ガダマーが見失ってはならないのは、彼の本来の目標がそれでもやはり、解釈学的理解の経験としての特質を証明することにあるという点である。それゆえ、ガダマーからすると、相互主体性の最も高次の段階は同時に、次の特性を有していなければならない。すなわち、その内部において二人の主体が互いに相手のことで「なんらかの」目に遭い（»eine« Erfahrung machen）うる、そうした関係を可能にすることである。しかし、そうだとすると、このことからすでに推測されるとおり、ガダマーは、相互主体的関係の道徳的特質を、それがそのつどの他者の意想外の価値を保持することができるかどうかだけに基づいて評価しているわけである。

ガダマーが、相互作用形式に関する彼の階梯の最も低い段階に次のような相互作用形式を導入しているのは、さほど驚くべきことではない。すなわち、歴史意識の領域でのまさに自然科学的方法論の素朴な形式、これはすでに批判されたとおりだが、それに対応する相互作用形式である。この種の形式の相互主体的関係においてなにが問題となるのか、これを明らかにするには、ガダマーのテキストの数行を読むだけで十分である。すなわち、わたし（Ich）はここで、自分の過去の諸経験から得た、人間を類型化するカテゴリー図式を、きみ（Du）との出会いにおいて、自分の意図をうまく通すことができるためにただ硬直的にしか用いない。(6) このような図式的な他者把握にともなう帰結は、他者がカントの意味で自分の目的の手段としてしか扱われず、しかし、目的としてそれ自体で「承認」されることはないということだが、それだけではない。むしろ、わたし（Ich）は、自分がまた完全に自立した主体の役割にあるものと思い込む。つまり、対峙する相手の先行する諸行為によって自身はまったく影響をこうむらず、そのかぎりで、相互主体的な過去のすべてを欠いている主体である。それゆえまた、歴史意識の領域でこの相互作用形式に対応する態度は、史的な伝承の推移のなかに自分が包含されていることをまったく分かっていないそれである。すなわち、ここでは過去は、方法上、距離が置かれており、つまり、法則性や類型的な繰り返しが調査されうる外的事物であるかのように現れている。したがって、歴史に対しても相互作用の相手に対しても、どちらの方向でも、このような客体化の態度は、「本当の」経験を可能にすることはまったくない。すなわち、いくつかのわずかな決められた特性に固定されることで、対峙する相手は、他者性のすべて、意想外の価値のすべてを奪い取られてしまっており、そのため、こちらが自身であらかじめ想定していることが揺さぶられたり覆されたりすることにはもはや貢献しえない。

これらの考察が示しているとおり、ガダマーにとって、〔相互作用形式と歴史意識とを〕並置する最初の段階では、道徳的な異論と方法上の異論とを一致させることは、たいして難しくない。その理由は、ここでは道徳的に誤った行動と認知的な誤りとのあいだに一種の内含関係が存するという事情に見出される。すなわち、相互作用の相手が単なる手段として扱われるとき、このことはまさに、自身の目的の追求にとって主要な手がかりをなすいくつかの特性のみに、相手を認知的に還元することを意味している。しかし、ガダマーが彼の階梯の第二段階で、単なる道具化の事例ではもはやない相互作用形式を論じるようになると、ただちに、そうした同一視はガダマーにとってははるかに困難にならざるをえない。いまや問題とされるべきは、むしろ相互主体的な反省関係である。つまり、ここでは二人の主体は、たしかに、互いに相手が人間存在であることを分かっているが、しかし他面では、それぞれ相手の諸要求についてその相手に「先んじた」解釈を自分が有すると思っている。それゆえ、このような関係について、ガダマーは、「きみ（Du）」を理解することがここでは「自己中心性の一様式」[7]であるとも言っている。すなわち、主体は双方とも、さまざまな欲求や要求を自分の相手に互いに投影し合っており、その際、「きみ（Du）」の他者性に対し開かれることがいくら求められても、それら相手の欲求や要求について自分が先入見にとらわれない優れた知識を持っていると見なしている。相互主体性のこの種の形式にとって決定的な特徴となるものを、ガダマーは、多くの箇所で同じように「反省による抜け出し（Herausreflektieren）」の概念で表している。この概念で特徴づけられるのは、次のような事態だとされる。すなわち、他者の幸せについて自分は確実に分かっているという虚構がここでは、反省によって直接的な相互性から離れ、それにより「きみ（Du）」がそこにいることとの優越を避けようとする努力に負うものだったということである。この最後の規定に基づくなら、相互主体性のこの種の形式について歴史的知識の領域に見出される対応物を挙げることは、いまや難しくない。というのは、ガダマーによれば、ディルタイの解釈学にいたるまでの史的啓蒙主義の根本的誤りは、まさに、「過去の他者性」をあれほど分かっているにもかかわらず、客観的で先入見にとらわれない歴史解釈という理想にしたがったことだからである。それゆえ、こうした科学的解釈学と保護のパターナリズムとの共通点は、「反省による抜け出し」の傾向である。両方ともこの傾向がもたらすのは、対峙するものに自分があらかじめ結びついていることを否定し、それに応じて、対峙するものとの交わりにおいて自分は先入見を免れているようなものだと主張することである。すなわち、主体がその相互作用の相手を理解するとき自分がなんらかの優れた知見を持つと要求するのと同じ仕方で、歴史学の研究者も、過去の他者性を正しく評価しようと試みながら、作用史的影響のすべてを否認して客観的認識を目指すわけである。

したがって、この第二段階の相互主体性の場合においても、ガダマーは、道徳的な論証と認識理論的な検討とを直接、結びつけることに、またもや成功している。ガダマーの見解では、「権威主義的な保護」の道徳的に問題のある傾向が生じるのは、主体が、自分の相互作用の相手と前もってすでに保持している結びつきを、認知的に無視するときであるという。そして、これと対比可能な仕方で解釈学的な客観主義の虚構が生じてくるのは、自身の出発点の状態に対する過去の作用が否定され、その結果、先入見にとらわれない偏りのない知識を得ようと努力されうるときである。ガダマーが示したいのは、これら両方の事例においては、認識に関する一つの間違いこそが、自身の理解が優れているという道徳的に疑わしい要求をもたらさざるをえないことである。すなわち、たしかに、前者の事例では相互作用の相手が、後者の事例では歴史が、それぞれの他者性を承認されるが、しかし、他方また、その他者性の差異は、両方の事例とも同じ仕方で否定されてしまう。なぜなら、その相互作用の相手と歴史とに対して、それらの独自性に関する客観的知識が要求されるからである。このような認知的であると同時に道徳的な誤りをようやくはじめて免れるのが、ガダマーが彼の階梯の第三段階に導入している相互主体的態度である。すなわち、ここでは主体は、自分が相手にあらかじめ特定の仕方で結びつけられていることを分かっており、その際、この結びつきにおいて、主体は、相互理解の遂行に安んじて身をゆだねることができ、同時に、自分が前もって想定していたことが論駁される恒常的な源泉としての「きみ(Du)」に対し、自らを開くことができるのである。

この最後の表現からもうすでに、引き続く論述においてガダマーの分析の本来の要点がいったいどこにあるはずなのかが、十分に明らかとなる。私たちがここまで扱ってきたのは、相互主体性の二つの段階である。それらの段階の道徳的な欠如は、同時に、本当の経験をすることが不可能であることを表していた。これに対し、より高度な段階では、道徳的な不足と共に、「真の」経験をなすことを制限していたものも消え去る。というのも、自らが「きみ(Du)」に前もって依存していることを主体がもうこれ以上否定しないのだから、いまやはじめて、「きみ(Du)」が伝えることが、次のような経験へのきっかけとなりうるからである。すなわち、自身が持ち合わせていた意見や先入見が、いわば思わず知らずに改められていく、そうした経験である。ガダマーが相互主体性のこの第三の形式を特徴づけようとして用いているのは、「開放性(Offenheit)」の概念である。(8)この概念が意味するとされるのは、私たちがここで扱っている二人の主体の関係では、主体が両者とも、それぞれの他者の意見を自分自身に対する異論として自身において認めることができ、そのかぎりで、自分たちが互いに依存し合っていることを承認した、ということである。相互主体性の諸段階に関するガダマーの付論は、その全体が最初から一つの命題のために行われてきたのだが、ここからその命題に達するのに必要なのは、あとほんの一歩だけである。というのは、完全なる相互作用形式の諸特性を今度は、私たちが歴史的伝承に対し取るとされる態度に類比的に転用してみれば、次のことが認識の主導原理としてもたらされるからである。すなわち、自身が過去に依存することをあらかじめ認め、そのため、客観的認識という目的を断念しなければならない、ということである。しかし、うまくいったわたし（Ich）－きみ（Du）－関係の諸構造に適切な歴史意識の模範が表れているというのは、そのつど対峙する相手が自身の出発点の状態に対し影響力を持っていることをいつも前もって承認しておく必要がある、という点についてだけではない。むしろ、二つの関係モデルのあいだの対応は、歴史ないし相互作用の相手がその他者性において次の場合にかぎり知覚可能であることも明らかにしている。すなわち、歴史や相互作用の相手が、それらの影響のもとで前もって生じた先入見（Vormeinungen）を論駁する源泉になりうる場合である。それゆえに、ガダマーが三つの段階のすべてであとづけてきた対応関係は、まさに、あらゆる史的理解の経験としての性格が明白になる箇所で終わっている。すなわち、歴史的伝承に対する適切な態度と言いうるのは、この歴史的伝承が相互作用の相手のようにとらえられている場合だけであり、相互作用の相手に対しては、理解するとき十分に信頼し自らを開くことが重要となる。その際、なんらかの反省があいだに入るとすれば、それはどんなものでも〔理解の〕妨げにしかならないであろう。なぜなら、それは、前もっての結びつきからその基盤を取り去ってしまうからである。〔理解にとって〕必要な信頼の前払いは、この前もって結びついていることを前提にして、そもそもはじめて成り立ちえたのである。したがって、歴史を理解することは、反省哲学が認めたいこととは違い、遂行的出来事であり、しかし、反省的な性格の習得ではない。

さて、このような推論は、ガダマーが相互主体的関係の完全な段階について行っている説明がどのくらい説得的と見なしうるかという問いに少なからず依存している。というのは、やはりこの相互主体的関係の説明において、反省の破壊的性格に関する論拠が用意されており、そのあとで、〔相互主体的関係が〕史的意識の領域に対応するという主張によって、この論拠が有効になるからである。それゆえ、ガダマーが〔相互主体的関係の〕規範的な序列を体系的に展開している議論の歩みを、もう一度別個に検討することは重要である。その際、ガダマーの議論に欠陥やつじつまの合わない点がまぎれ込んでいるなら、そのことは、〔相互主体的関係を〕歴史に適切に関係づけるというガダマーの特徴づけに対し、なにも影響を及ぼさないわけにはいかない。この再検討にあたって恰好の出発点となるのは、次の問いであろう。すなわち、ガダマーをして相互主体性に関するきわめて独特の構想にいたらしめた理論史的背景は主としてなんであろうか、という問いである。

Ⅱ

『真理と方法』からはるか三〇年前に著されたある書評で、ガダマーは、カール・レーヴィットが一九二八年に『共に在る人間の役割における個人』について公刊した著書の功績を詳細に評価していた(9)。もともとはレーヴィットの教授資格論文であった、この画期的な研究の目標は、ハイデガーによって基礎づけられた「共同世界」のカテゴリーを、理論史的にも体系的にも、その規範的含意の基本的性質がはっきりしはじめる地点までさらに展開することであった。その際、この著作の最初の部分は主として、相互主体性の形式的諸構造を、あらゆる人間の現存在の条件として際立たせる試みに向けられた。これに対し、その次の部分で注力されているのは、カント的な尊敬概念を解釈し直すことで、相互主体主義的な倫理学の鍵としてその概念を使えるようにすることであった。ところで、ガダマーがこの著書について書いた論評で興味深いのは、どちらかといえば慎重に述べられている異論に劣らず、肯定的な部分である。というのも、肯定的なところには、レーヴィットがハイデガーをさらに展開していることに『真理と方法』の相互主体性のカテゴリーがどれほど強く影響を受けたのかがはっきりと表れており、これに対し、否定的なところが誤解の余地なく示しているのは、カント的な尊敬概念による道徳哲学的な解答はなんとしてでも回避しなくてはならないことだからである。それゆえ、結局のところ、ここで問題となっているのは、相互主体性論を準備し基礎づけることである。すなわち、後に主著『真理と方法』において、史的理解の遂行的性格を間接的に裏づけるために、付論においてのみであるが援用されている相互主体性論である。

この書評と『真理と方法』という二つのテキストのあいだに思想のつながりがあることはきわめて明白であり、それは、真の相互主体性はどれも、反省の破壊的な力によって深刻な危機に陥る、という考え方のことである。それどころか、書評ではこのテーマが叙述を強く規定しており、結果として、レーヴィットの著書の長所と短所が判断されるときの、なによりも決定的な基準となっている。ガダマーは、前置きとしてレーヴィットの理論史的功績を手短に讃えており、それは、とりわけ、相互主体性の問題性にフォイエルバッハを取り入れた点にあるとされる。そのあとで、ガダマーはすぐに、彼がとくに取り組んでいる問題に言及している。すなわち、レーヴィットにしたがい、人間の現存在がいつも必ず相互主体的な成り立ちをしており、また、レーヴィットと共に、この相互主体性が「相互に互いに対し振る舞うこと」として規定されねばならないとすると、このような「共同相互存在」の「本来の」「真の」形式はどのように把握されうるのかという問いが立てられる。したがって、ガダマーは、日常生活に見出されうる相互交流の数多くのあり方から、一つの特別の形式がはっきり区別されることを望んでおり、つまり、それは、「本来性」の意味で模範となるための基準を満たす形式のことである。そして、一貫してハイデガーに依拠するレーヴィットとはまったく異なり、ガダマーの場合、ハイデガーの名前はただの一度も出てこないのだが、そうだとしても、やはりこの「本来の」関係形式は、『存在と時間』の精神において、次のようなものと規定されている。すなわち、その関係形式によって「一方と他方が自分自身で」ありうる、つまりは互いに「唯一無二さ」を得るということである。[10] これ以降も、相互主体性のさまざまな「非本来的」形式を明示することがさしあたり問題となるときに、レーヴィットの文言が単に繰り返されているのか、それともハイデガーが間接的に引き合いに出されているのかをはっきりさせるのは必ずしも簡単ではない。相互的道具化、「互いを利用すること」の単純な事例にごく手短にふれたあとで、ガダマーがレーヴィットと共に指摘している、わたし（Ich）‐きみ（Du）‐関係の最初の頽落形式からして、すでにそうである。すなわち、利他主義において私たちはしばしば、非常に狡猾なかたちの利己心に関わっており、なぜなら、ここでは他者に対する顧慮が「自分自身を配慮して行われうるからである。そうした「相手を保護監督下におく顧慮（bevormundende Fürsorge）」の特性がどこにあるのか、より詳細に分析してみるなら、ガダマーによれば、このような顧慮には反省の一人歩きの傾向が内在していることがすぐに示される。すなわち、わたし（Ich）は、きみ（Du）がどう応答するかをすでに察しており、なぜなら、わたし（Ich）は「他者に対し振る舞うなかで、実際にはすでに、その関係それ自体に対して振る舞っているからである」[11]。相手がそこにいることに基づいてその相手の応答に自らをしたがわせるのではなく、主体は、直接的な共同相互存在の枠から抜け出て反省し、そうすることで、この共同相互存在それ自体に対しそれがあたかも事物であるかのように相対する。このことによって主体は共同相互存在の外部へと移動できるわけだが、それは、いわば客体化の視点を可能にする。すなわち、他者に一言たりとも発言させることなく、その他者のさまざまな要求を解釈することができる視点である。

こうした定式化に『真理と方法』での第二段階の相互作用を再確認することは難しくなく、同様にして、ハイデガーの問題性がレーヴィットを介して続いていることをここに発見することも容易である。ハイデガーは、『存在と時間』第一部の有名な第四章において、人間の生の遂行すべての先行する相互主体性を最初に描いたあとで、他者に対する気遣いのさまざまな異なる形式を互いに区別するという困難な試みを行った。その際、ハイデガーが基準として自分の分析の基礎に置いたのは、もちろんそれは後になってはじめて明確になるのだが、自身自身への果断さに存するとされる、独特の形態の個人的自由の理念である。[12] このことを背景として、ハイデガーは、今度は、そうした自由の獲得にどの程度役立ちうるかという点から、顧慮の二つの形式を区別している。すなわち、「肩代わりをする（einspringende）」顧慮は、他者の身になって他者の苦労をいわば代わりに引き受けるのであり、その結果、これは、むしろ、支配の一形態にいたらざるをえない。これに対し、「先に立つ（vorausspringende）」顧慮は、「相手本人が自分はなにを気遣っているのかについて見通すことができ、またそれに対して自分を開いて自由になれるように（手助けしてやる）[13]」、そうした性格のものである。ハイデガーがここでいつものように用いている、いささか癖のある概念選択は、おそらく基本的に、ドイツ語で「肩代わりをする（Einspringen）」という言葉の持つ比喩的な意味から生じている。すなわち、この種の顧慮において主体は、相手の名で行為し、そうすることで自己規定のチャンスをその相手から奪い取っているのである。これに対し、第二の場合の顧慮で「先に立つ」ことが意味するのは、他者の実存的な開放を前もってとらえることで手助けが行われ、それゆえに、自分の責任でなす行為だけが可能にされることだという。[14] さて、ガダマーがレーヴィットを参照して「相手を保護監督下におく顧慮」について批判的に述べていることのすべてが、顧慮の第一の形式、つまり「肩代わりをする」形式に関するハイデガーの手短な所見から引き出されていることは、まったく疑問の余地がない。そしてまた、レーヴィットについての論評にも『真理と方法』にも見られるような、相手を保護監督下におくことと「反省による抜け出し」との関連に関する引き続く考察は、ハイデガーの場合も「肩代わりをする」ことが他者の相互主体的な現前の破壊という性格を持っている点で、顧慮についてのハイデガーの区別に影響を受けている。

しかし、ガダマーが相互主体性の第二段階の特徴づけを主として『存在と時間』のハイデガーに負っていることの立証よりももっと重要なのは、もちろん、次に述べる問いである。すなわち、〔ガダマー、レーヴィット、ハイデガーという〕三人の著者の全員において、相互主体性の完全形式がどのように論じられているのか、である。というのも、ガダマーがこの段階でもまだ自分の師の跡を追いかけているのかどうか、そしてそのことから最終的に、理解についてのガダマーの考え方の全体にどんな帰結がもたらされることになるのかが、ここで決まるはずだからである。レーヴィットについてはすでに手短に述べたように、彼は、肯定的な答えを得ようと努めており、つまり、その答えは、カント的な尊敬原理を相互主体性理論的に解釈するという方向に向けられている。レーヴィットは、今日まで彼の研究の独創性をなす驚くべき転換によって、ハイデガーにより描写された「共同存在」の諸構造から一つの規範的原理を展開する。つまり、その規範的原理にしたがって、さまざまな主体は、互いに尊敬ないし承認し合う義務を負うわけである。レーヴィットの論証では、すべての人間が相互に尊敬を示し合うときにのみ、すべての人間は、自分たちが一つの相互主体的な生活世界のなかにいることに気づくのであり、その際、この生活世界においては誰もが、保護監督下におかれたり道具化されたりする危険を甘受することなく、自らの選んだ目的にしたがって自己を実現することができる(15)。もちろん、ガダマーにとって、このような解答の提案は、まったくの的はずれに見えるに違いない。なぜなら、ガダマーはやはり、相互に開かれていることを、人間の相互的なありかたの最も高度な段階と見なしているからである。すなわち、それは、二人の主体が共に、自分たちが互いに依存し合っていることを反省に先立って知るときに、互いに示すことができる開放性である。ただし、ガダマーとレーヴィットのあいだのこの際立った違いには、もっと深い理由があり、それは、人と人とのあいだの諸関係がかたちづくられるとき反省がどんな意味を持つのか、これが問題となる水準に存している。すなわち、ガダマーは、反省の行いに常に、距離を取ることや外面化することの否定的な側面だけを認識しているように見え、これに対し、明らかにレーヴィットは、わたし（Ich）が脱中心化するきっかけが反省の行いに存すると見ており、その際、この脱中心化は、相互主体的な交わりにとって一つの必要不可欠な条件である。レーヴィットの信じるところでは、道徳的な自己規制なしには、人間どうしの強制のない穏やかな交わりは不可能であり、これに対し、ガダマーにとっては、反省のこの種の行いにすでに客体化の端緒が存しているのであって、この客体化によって、主体とその対峙する相手とのあいだにあらかじめ存する結束は取り返しがつかないくらい壊されてしまう。あらゆる反省のはたらきをきっぱりとこのように拒否することは、不偏不党である第三者のパースペクティヴを不可能にすることをともなうのだが、ガダマーの場合、こうして拒否する点で、自分の師であるハイデガーの影響が、そのコミュニケーションの理想像にも浸透しているのである。(16)

ガダマーがレーヴィットの研究に献じた書評の終わりの部分がすでに、今しがた概説した命題の明白な証拠となっている。それまではもっぱら称賛が主であったが、その後、終わりのところのわずか数行のなかで、レーヴィットのカント的答えに対する激しい異論が主張されている。すなわち、レーヴィットが、それにより、相互主体性の頽落形式への対抗モデルを立てることができると信じているカント的答えである。ガダマーは、この理論的な解答を一種の体系的な自己誤解と見なしている。なぜなら、レーヴィットは、尊敬原理が、肯定的なわたし（Ich）‐きみ（Du）‐関係を特徴づけるというレーヴィットの関心事に役立ちえないことを、正しく理解していなかったからである。というのは、誰かを尊敬することは、カントの考えにしたがうなら、せいぜい次のことしか意味しない。すなわち、その誰かに対し人間の一般的な諸特性を承認することであり、したがって、「きみ（Du）」の特殊な独自性ははじめからまったく認められえないということである。それゆえ、ガダマーにあっては、文字通り素っ気なく以下のように書かれている。「カントは、レーヴィットの問題設定を、まさにレーヴィットの意味では支えることができないし、その問題設定をいつの間にか違った方向にずらしてしまう。というのも、カント的な意味での尊敬は、法則に対する尊敬であり、つまり、尊敬の現象とはいっても、それ自体が含むのは人間的なものの一般化であり、きみ（Du）をその特殊な性質の点で、またこの特殊な性質のゆえに承認するという傾向を含んでいないからである[17]」。したがって、この思考の歩みをさらに先に進めるなら、尊敬の相互主体的態度には、「反省による抜け出し」の別様の形式しか見ることができない。すなわち、「相手を保護監督下におく顧慮」がなされるとき、真の間人間性を破壊する原因であることがすでに明らかとなった「反省による抜け出し」である。というのは、反省の努力により他者について確認されるのは、それぞれに特殊な唯一無二の諸特性からはずれざるをえない、人間存在の一般的特徴であり、こうして、ここでもまた主体は、他者の直接的な現前を超えているからである。そのかぎりで、ガダマーと同様に考えるなら、この尊敬関係は、相互主体性の他のさまざまな頽落形式と同じ欠陥を有している。すなわち、相互作用の相手に前もって依存していることをもはや経験できないくらいに、その相手に距離を置くという欠陥である。そして、このとき、反省に先立つあらゆる結びつきをこのように破壊することから生じてくるのは、真の間人間性に必要とされるような、互いに対し相互に自らを開くことができない、ということである。

以上の考察からして、いまや、尊敬の態度が他の人の個人的な特殊性を正しく評価できないという異論が正しいだけに、(18)相互主体性の「最も高度な」形式がどこに見出されなければならないのかという、はるかに一般的な問いの答えがここからもたらされることはもうほとんどない。とはいえ、明らかにレーヴィットは、彼の著書の後半で、ガダマーがレーヴィットに押しつけているように見えるものとはまったく異なる問題を考えているようである。すなわち、彼が答えようと試みているのは、いかにして諸主体は、人と人とのあいだの諸関係すべての頽落傾向に含まれている数々の危険から相互に身を守ることができるのか、という問いである。もちろん、ガダマーが正しく解釈しているとおり、レーヴィットもまた、反省により距離を取ることで相互の結びつきの外に離れ、それにより他者を客体化による見なしの対象にする傾向を、このような相互主体的な危険の本質的な原因と考えている。また、たしかに、レーヴィットの研究の重要な成果の一つは、この種の客体化と、相手を保護監督下におく顧慮や剥き出しの道具化の諸現象とのあいだの関連を明確にしたことにもある。しかし、カント的な尊敬概念にレーヴィットが立ち戻っていることの要点は、やはり、道徳的「禁止（Prohibitiv）」（ガダマー）を持ち込むことにこそ存している。つまり、それを一般的に考慮することが、上述の頽落現象から諸主体を相互に守るであろう、ということである。どうやらレーヴィットが言いたいのは、相互に尊敬し合うことは、相互主体的な結びつきの潜在的な危険を心配する必要なしに、相互主体的に結びつきうることを意味する、ということである。というのも、尊敬の態度は、他者が自身の個性を相互主体的な出来事のなかで明らかにしはじめるときでも、なお自律した人として承認され続けることを保証するからである。尊敬と、愛に満ちた慈しみとのあいだに、それにもかかわらずある種の解消困難な緊張が存するのかどうかという問題は、ここでさらに追究するには及ばないだろう。いずれにせよ、今日、フェミニズムの幾人かの著者たちは、個人的な親密関係において一種の道徳的保護を保証できる、そうした道徳的態度として、カント的な意味での敬意を説明しようと苦心している[19]。

もちろん、私たちの文脈でより関心を引くのは、ガダマーがレーヴィットと共に人と人のあいだのコミュニケーションが絶えず危険にさらされていることからたしかに出発しているにもかかわらず、レーヴィットによる解答の提案をあまり評価していないのはなぜなのか、という問いである。私の理解では、その理由は、ガダマーがハイデガーと共有している次の前提にある。すなわち、二人だけであることを超えて、歪曲や距離化という欠陥の生じない、相互主体性の反省的に一般化された形式は存在しない、ということである。それゆえ、ここで考えることができないのは、二人の主体が一般化された他者のパースペクティヴを共有して接しながら、だからといってすでに、それぞれ対峙する相手から個人的特殊性を取り去ったりはしないという可能性である。ガダマーがレーヴィットについてのその論評のなかで「共同世界的関係の」一般的な「反省の問題性」[20]と言うときに考えていたのは、おそらく次のことに他ならない。すなわち、二人の主体が「わたし（Ich）」ならびに「きみ（Du）」として出会うやいなや、不偏不党の第三者の立場を取ることは、いつも必ず反省的な行いを意味しており、その反省的行いによって、前もって存在する依存性は取り返しがつかないくらい破壊されてしまう。ハイデガーは『存在と時間』で一般化された他者の立場を「ひと（Man）」に縮減させたが、その特徴のすべてが、ガダマーにおいてもなおこの「第三者（Dritte）」に備わっているかのように見える。それゆえ、逆に次のことも、それほど驚くべきことではない。すなわち、『真理と方法』において人と人のあいだのコミュニケーションの最も高次の段階として見出される直接的な出会いの一形式が、ハイデガーの「先に立つ顧慮」と非常によく似ていることである。ガダマーは、レーヴィットもそうであるように、あらゆる種類の潜在的な権威主義的顧慮に対する批判をハイデガーから引き継いでいるが、それだけではない。それどころか、レーヴィットとは異なり、ガダマーはさらに、人と人のあいだの出会いの次のような形式だけに規範的に志向することも、自分の師であるハイデガーと同じなのである。すなわち、一般化された規範や価値を相互に引き合いに出すことがまったくない形式である。このように一面的に準拠することで、またそのことにおいてのみ、ガダマーには、ハイデガーの田舎者根性（Provinzialismus）の一端がそのまま継承されているわけである。つまりは、ハイデガーの『存在と時間』において、「ひと（Man）」に抗する激情が依然としてそのきわめて明白な印となっている田舎者根性である。

とはいうものの、このような推論は、相互主体性理論的な検討において、妨害のない経験の遂行という理念にガダマーが与えている大きな意義を隠蔽している点で、ガダマーのアプローチをまったく正しく評価していない。『真理と方法』の相応する詳論を思い出してみるなら、相互主体的次元の導入は、全体としてはやはり、他者についての真正の経験の構造を露わにするという目標だけを目指していた。そして、これを解明することで、ガダマーはさらに、歴史の現在化のプロセスはいかにして適切に考えることができるのかに関する答えを期待したわけである。この目標から判断するなら、ガダマーが次の疑念を抱くのは、たしかに当然である。つまり、わたし（Ich）ときみ（Du）の出会いを共有された諸規範に関連づけてしか考えない、そのような相互主体性理論のモデルに対し、ガダマーが述べている疑念である。というのは、一般的諸原理の表現である諸々の相互主体的態度がより勝れば、それだけいっそう個人的経験のなかに他者の特殊性は残らないからである。それどころか、ここに広がっている隔りこそ、広く議論される問題をこの間に道徳哲学においてもたらしたものに他ならない。すなわち、愛と正義のあいだ、顧慮と尊敬のあいだには、一種の永続的な緊張が存しているのではないかという問いである。[21] それゆえ、この問題によって要約される点までは、ガダマーがその相互主体性理論の付論で展開している論証は、十分に説得力があり、また一歩一歩確実にあとづけていくことができる。しかし、ガダマーが自分の考察でやろうとしているのは、単に次の命題を擁護する以上のことである。すなわち、私たちが自分たちの依存を意識し他者の個人的諸表出だけをもっぱら尊重するようになればなるほど、他者はその意想外の価値においてよりはっきりと経験できるようになる、という命題である。ガダマーが言いたいのは、このような開かれた姿勢は、同時にやはり道徳的な意味で、相互主体的な交わりにおいてありうる態度の最も高次の段階をなすことである。このさらに進んだ命題は、道徳と真正の経験とが暗黙のうちに同一視されることで生まれているのだが、この命題によってはじめて、ガダマーは、あやしげなものへと踏み入ってしまっている。とりわけ、このような推論には、歴史の現在化を理想的な仕方ではどう考えなければならないのかという問いに関して、広範囲に及ぶさまざまな帰結が結びついている。

ガダマーにとっては、他の人に対する解釈学的な「開放性」が、私たちが他の人に対して道徳的に取らねばならない相互主体的な態度と重なることは、まったく明白である。すなわち、きみ（Du）の要求のすべてを含めてきみ（Du）に耳を傾けることは、まさに、相互作用の相手を、道徳的に求められているとおりに扱うことを意味するわけである。しかし、ガダマーの〔議論の〕構成図式全体の基礎をなすこのような同一視は、個人的な親密関係に関してだけでも限定的にしか支持できない。というのも、たしかにこの親密関係においてさえ、やはりむしろ、当事者は双方とも、社会的に一般化した諸規範を表す一般化された他者のパースペクティヴから、自分たちの相互主体的行動を相互にあらためて判断するであろうからである。もちろん、このことは、正義の普遍化された諸原理に合致するものだけが、このような親密関係の場合に道徳的に正当なもの、あるいは道徳的に要求されるものと見なされることを意味するわけではない。むしろ、上述の指摘が明らかにしているのは、通常の場合、当事者の顧慮の適切性、つまりは〔他者の〕固有の諸要求に対するその「開放性」は、一般的な道徳諸表象に照らして吟味されるということである。このようなパースペクティヴへの相互的志向は、ガダマーが解釈学的な開放性の条件としてまさに前提しているように見える、そうした類の結びつきをやはり必然的に破壊するに違いない、という異議は、ここでは誤解を招くであろう。というのも、上記の例証がそれどころか逆にはっきりさせることになるのは、二人だけの関係においても、そもそも道徳的に適切と見なされるものは、通例、「具体的な」他者のパースペクティヴと「一般化された」他者のパースペクティヴとを比較しながら関連づけることで当事者双方にもたらされる、ということだからである。ガダマーの立場かららすれば当然と思われる異議に対しもっとはっきりと向けるなら、あるいは次のように言えるかもしれない。すなわち、個人的な親密関係においてさえ、総じて、道徳について考えられる概念、「道徳的な」違反ないし適切性について考えられる概念はどれも、不偏不党の第三者をたとえ限定的であろうと引き合いに出すことにもっぱら基づいている、ということである。つまり、こうしたパースペクティヴは、わたし（Ich）－きみ（Du）－関係に外から侵入してくるわけではなく、わたし（Ich）－きみ（Du）－関係のなかで、いつでも与えられている二つの視点の一つなのであって、共同の行動はいつも必ずそれらの視点を比較することで相互に吟味されるのである。

しかし、親密な関係がすでに、道徳的な点で、一般化された他者を取り入れることによって成り立っているのであれば、ほとんど匿名の諸主体が相対峙するさまざまなコミュニケーション関係ではなおさら、この一般化された他者のパースペクティヴが、はるかに重要な意味を持つことになる。相互作用の当事者間の距離が広がるにつれて、次のような行動だけを道徳的に適切と見なす可能性は低くなる。すなわち、他者のさまざまな要求に対し開かれていることをその内実とする行動である。ガダマーによれば、〔相互作用の〕対峙する相手はさまざまな表現によって自身の個性を露わにするのだが、そうした表現を主体が理解し追体験しようとすることは、〔相手への〕依存が個人的に感受できることを前提にして可能になるとされる。この前提がここでは消えてしまうのである。それゆえに、親密関係に関してはもしかするとなんとか一つに合わせて考えることができた二つのパースペクティヴが、社会的コミュニケーションのこの水準では、最終的に別々に分かれる。すなわち、このような匿名化された諸条件のもとで誰かに対し道徳的に適切に対処することは、解釈学的な開放性の態度でその人に接することではもはやありえず、なによりもまず、そしてとりわけ、尊敬の一般的原理にしたがってその人を取り扱うことを意味するに違いない。ガダマーは相互作用形式を三つの段階に整理したわけだが、これについてこの議論からもたらされる結論は、ガダマーの段階分けは先に挙げた諸困難のため、そもそも、社会的な近しい諸関係にしか適用できないということである。だが、私たちがこの親密な領域から離れ、距離を置いたコミュニケーション諸形式の方に踏み入ると、親密な領域ではまだ有無を言わせぬもっともらしさを持っていた、道徳と真正な経験との理想的統一は、すぐに壊れてしまうのである。

さて、以上の結論からもう一度検討されねばならないのは、ガダマーが相互主体的な出会いと歴史意識とのあいだに主張した対応関係はどうなるのか、ということであろう。[22] 二つの選択肢が浮かび上がってくるが、ただ、両方とも『真理と方法』の著者にはおそらく受け入れられえないであろう。一つの選択肢は、ガダマーが主張している類比は、次の理解困難な前提のもとでのみ有効だということである。すなわち、歴史的伝承に対する私たちの関係は、私たちが自分の親しい相互作用の相手と共にする関係に対応しているということである。そうでなければ、もう一つの選択肢だが、しかしここでは、解釈学的な経験は、歴史の現在化の最も高次の段階ではないのであって、次のような意識形式に席をゆずらねばならないだろう。すなわち、匿名化したコミュニケーションの諸関係にそれが適合するときの仕方で一般化された他者のパースペクティヴが取り入れられた意識形式である。最終的にこのことは、おそらく次の命題に行き着くであろう。すなわち、歴史もまたそれを適切に現在化できるのは、「具体的」他者と「一般化された」他者の両方の立場が常に相互に訂正し合う場合にかぎられるということである。

原注

（1） Jürgen Habermas, »Urbanisierung der Heideggerschen Provinz«, in: ders., *Philosophisch-politische Profile*, Frankfurt a.M. 1981, S.392–401.〔「ハンス・ゲオルク・ガダマー　ハイデッガー地方の都市化（一九七九年）」、『哲学的・政治的プロフィール（下）——現代ヨーロッパの哲学者たち』小牧治・村上隆夫訳、未來社、一九八六年、二〇五—二一八頁〕

（2） Hans-Georg Gadamer, *Wahrheit und Methode*, Tübingen 1965, S.343〔『真理と方法II』轡田収・巻田悦郎訳、法

政大学出版局、二〇〇八年、五五八頁〕（以下、ＷＭと略記）

（3）Vgl. WM, 335.〔邦訳『真理と方法Ⅱ』（以降、邦題など省略）、五四六―五四七頁〕

（4）WM, 340.〔邦訳、五五三頁〕

（5）WM, 340.〔邦訳、五五四頁〕

（6）Vgl. WM, 341.〔邦訳、五五四頁〕

（7）WM,341.〔邦訳、五五五頁〕

（8）WM,343.〔邦訳、五五八頁〕

（9）Hans-Georg Gadamer, »Ich und Du（K.Löwith）«, 現在は、in: *GW* 4, 234–239; Karl Löwith, *Das Individuum in der Rolle des Mitmenschen*, München 1928（Nachdruck: Darmstadt 1969）.〔『共同存在の現象学』熊野純彦訳、岩波文庫、二〇〇八年〕

（10）Hans-Georg Gadamer, »Ich und Du（K.Löwith）«, a.a.O., S.237.

（11）Ebd.

（12）Martin Heidegger, *Sein und Zeit*, Tübingen 1976.〔『存在と時間』高田珠樹訳、作品社、二〇一三年〕

（13）Martin Heidegger, *Sein und Zeit*, a.a.O., S.122.〔『存在と時間』高田珠樹訳、作品社、二〇一三年、一八二頁〕

（14）Vgl. Martin Heidegger, *Sein und Zeit*, a.a.O., S.122〔『存在と時間』高田珠樹訳、作品社、二〇一三年、一八一―一八二頁〕。顧慮に関するこうした分析の背景については、次の卓越した解釈を参照。Stephan Mullhall, *Heidegger and »Being and Time«*, London 1996, 第二章。

（15）Vgl. Karl Löwith, *Das Individuum in der Rolle des Mitmenschen*, a.a.O., S.152 ff.〔『共同存在の現象学』熊野純彦訳、岩波文庫、二〇〇八年、三四四頁以下〕

（16）それゆえ、私の解釈では、共同世界のハイデガーの諸規定に普遍主義的な倫理学の手がかりを見出そうとする試みはすべて失敗せざるをえない。一例を提供しているのは次である。Frederick A. Olafson, *Heidegger and the Ground of Ethics, A Study of »Mitsein«*, Cambridge 1998.

（17）Hans-Georg Gadamer, »Ich und Du（K. Löwith）«, a.a.O., S.239.

(18) 複数の文献についての私の総括論評を参照。A. Honneth, »Liebe und Moral«, in: *Merkur* 597, Heft 12 (1998), S. 519–525.

(19) 具体例として次を参照。Barbara Herman, »Ob es sich lohnen könnte, über Kants Auffassungen von Sexualität und Ehe nachzudenken?«, in: *Deutsche Zeitschrift für Philosophie* 43 (1995), Heft 6, S. 967–988; Marilyn Freedman, *What are Friends for? Feminist Perspectives on Personal Relationships and Moral Theory*, Ithaca und London 1993.

(20) Hans-Georg Gadamer, »Ich und Du (K. Löwith)«, a. a. O., S. 239.

(21) 再び具体例として次を参照。Paul Ricœur, *Liebe und Gerechtigkeit*, Tübingen 1990; Axel Honneth, »Liebe und Moral. Zum moralischen Gehalt affektiver Bindungen«, in: ders., *Das Andere der Gerechtigkeit*, Frankfurt a. M. 2000, S. 216–236.〔「愛と道徳――感情による絆の道徳的内実について」、『正義の他者』加藤泰史・日暮雅夫ほか訳、法政大学出版局、二〇〇五年、二三四―二六〇頁〕

(22) この思想を、私は、本書に所収されているジョン・マクダウェルに関する考察でさらに詳論している。

第四章　認識と承認

――サルトルの相互主体性の理論について

ジャン＝ポール・サルトルが現象学的主著である『存在と無』を出版した際に、人びとは非常に大きな関心を哲学的実存主義に対して寄せた。この動向がいったん落ち着きやっと静けさを取り戻したあとですら、それでもやはりその著作で展開された「まなざし」の分析は、過去十年間のあいだ途切れずに、きわめて強く人びとの関心を引き続けている。それどころか、むしろ、おそらくこのテーマが論じられている章は、この大著のあらゆる部分のなかでも、現在にいたるまで二次文献にもっとも強い影響を残している章だと言える(1)。サルトルはその議論のなかで、他者存在という古くからの問題に超越論的現象学の態度において解明することを試みている。しかしながら、その際に彼の議論が帯びている、まさに分析的厳密さに寄せられた関心は、ほんの一部であるだろう。後世に残る影響の点で少なくとも同じぐらい大きな意味を持っているのは、きっと次の事実であろう。つまり、相互主体性はここできわめて緻密なやり方で、羞恥、自己疎外、そして物象化という経験に見出せるように、否定性（Negativität）という諸々の現象としっかりとつなぎとめられているのである。まさしくこの相互主体性の理論におけるネガティヴィズムこそが、サルトルの「まなざし」についての分析に、今日にいたるまでいっさいの幻想を完全に打ち破るアウラをまとわせているのである。そして、この取っつきにくい章が長年にわたって哲学に隣接する学問分野でも引き続き影響を保っているとすれば、それはとりわけ、相互主体性の理論がここで浸っている、興奮を冷ますような雰囲気と関係している。しかしサルトルの相互主体性の理論によって最終的に作用史的に、ネガティヴィズムに基づく結論だけが維持され続けているのだとするならば、それはゆゆしき動向であろう。というのも、著者であるサルトル自身が自らのテーゼと結びつけている要求が、あらゆるコミュニケーションにおいて客体化（Objektivierung）は避けることができないという主張に要約されうるという以上に、哲学的にははるかに内容豊かなものだからである。サルトルが『存在と無』についての研究の第三部でまずなによりも試みようとしたのは、現象学運動だけではなく、二〇世紀の哲学における分析的伝統にも大きな関心事となった問題を解くということである。いったい私たちは、自分たちがそれぞれの生活を送るなかで、すなわちトーマス・ナーゲルが「主観的パースペクティヴ」と表した態度において、(2)どのように他の人間の存在を確信することができるのだろうか、という問いである。この体系的な問いに答えることが、ここでは重要なのである。アングロサクソンのコンテクストでそう言われることがあるように、「他者の存在」ないしは「他者の心」の問題には、長く複雑な前史がある。(3)この前史をサルトルは、興味深いことにアメリカのプラグマティズムと対話の哲学を例外としつつも、十分に念頭に置いていたように思われる。たしかに彼が自分のテクストにおいて入念に取り組んだのは、ヘーゲル、フッサール、そしてハイデガーの構想だけであり、「経験主義」と「観念論」のアプローチには、かろうじて簡潔な批判がされているだけである。しかし、この章が本当に独自であることは、そもそも、次の提案をサルトルが行うときにはじめて明らかになる。つまり、サルトルはこの提案において、たった一度の試みで複雑にもつれた数々の問題を解こうとしたのである。そのために、彼は受動的なもの（Passivische）への転回を行い、そのことで同時に否定性の次元への移行を成し遂げたのである。すなわち、サルトルの議論をまとめるなら、他者のまなざしを主観的に体験する際に、私は疑いもなく他の人物の存在を意識するだろうし、まったく同様に、私は自分自身の本源的な自由の剝奪を経験するに違いない、ということになるだろう。サルトルがこの挑発的なテーゼを理由づける詳細な思考の歩みを、私は以下で再構成してみたい。そのために私はまず、「他者存在」の問題群のこれまでの数々の解決策へのサルトルの主要な異議に光を当ててみたい。その際私は紙幅の都合から、彼のテキスト解釈の適切さを問うよりむしろ、彼の論拠が実際に核心として含んでいることに取り組んでみたい（I）。次に第二のステップでは、サルトルが問題を解こうとしたときに用いた、複雑な、いわば二段階からなるテーゼについて、さしあたりはその最初の部分だけを取り扱うことにする。つまり、「まなざしを向けられること」の現象学的分析が中心となっている部分である。ここで私はとくに、サルトルの解決策が、もはや意識哲学の方法論を取らない、対案として示される諸提案に対抗できるのかという問いを究明してみたい（II）。そして最後のステップにいたってはじめて、私はサルトルがその相互主体性の現象学において到達したネガティヴィズムの結論に取り組んでみたい。当然ながらそこでは、分析のネガティヴィズムを必然的に生じさせることになる、そうしたカテゴリー的な先行的決断をいかに評価すればいいのかということが論じられなければならない（III）。

I

前反省的なコギトを超越論的現象学に基づいて分析する際にサルトルは、相互主体性の領域に移行しなければならないと考えたのだが、それはドイツ観念論の伝統において間人間性（Zwischenmenschlichkeit）を議論するきっかけとなった問題が理由となっているわけではない。フィヒテとヘーゲルにとって、しかしまたこの二人にならったジョージ・H・ミードにとっても、人格の自己意識を説明するという課題から、相互主体性の諸構造にまで着手する必要があったのである。孤独な主体の知覚的能作（Leistung）にばかり集中するだけでは、そうした主体自身の活動からいかに意識に到達するのかは説明することができないように見えた。それゆえ、これらの三人の著者たちはみな、他者たちが「要求」や「反応」を私たちに向けてくることに、自分自身を反省的にとらえかえすためのきっかけがあると推測していたのであり、こうした他者たちを含み込むことが不可欠であると彼らは考えたのであった。(4) この相互主体性の理論の伝統からサルトルを分ける溝がどれほど深いのかは、わずかな言葉遣いを見ただけで分かる。つまり、「対他存在（Für-Andere）」をめぐる第三部の直前の数ページで、彼が間人間性への移行を理由づけるために用いた言葉を見るだけでいいのである。そこで手短に語られているのは、これまで反省に先立つコギトの分析では人間の身体は語られてこなかったということである。それは、人間の身体が原則として、志向的に活動する主体の視野には入りえないからである。むしろ身体が示すのは、「本質的に他者によって認識されたもの」（400=I-582）という特殊性であり、そのためここでは人間の現存在の、「対他存在」の構造をなしている「別の存在様態」（ebd.）を探究することが考えられうる。ここでは間人間性の世界へと移行することが用意されるのだが、この移行は明らかに、人間の自己意識を説明する必要から行われるようには見えない。すなわち、自分自身の意識の能作ではなく、身体の現れ方を確認するためにこそ、志向する主体は他者のパースペクティヴに自らを置き換えることができなければならないのである。しかしこの問題もサルトルによって第三部がはじまると共にまずさしあたりは先送りされる。というのも、彼から見ればその問題はより根深い問題を先に答えておいてのみ解決されうるからである。実際に、自分自身の身体の置かれているそれぞれ個々のパースペクティヴにある主体が、ただ自分が向かい合っている人のパースペクティヴからのみ自己を意識することができるというのならば、そうした他者の、まったく同様に「認識する」存在がそもそもあることをいったいどのように前もって確信できるのだろうか。他の人物の存在を疑いもなく前提することに理由があると思わせるような、そうした拠り所など、それぞれの個人が自分自身の主観的なパースペクティヴにまず第一に見出せるようには思えないのである。

サルトルがそこで投げかけたテーマは、はじめて彼を次の問題に直面させた。すなわち、「他者存在」というキーワードのもとで彼以前の多くの現象学者たちが取り組み、今では彼自身の著作のある章の中心に位置している、そうした問題である。つまり、自分のそばに他の人間存在が存在することを想定することについては個々の主体の視点からするとはなんの疑いもないと、私たちはいかに示すことができるのだろうか。フィヒテを例外とすれば[5]、この問題はドイツ観念論の相互主体性理論の伝統にとって、取り立てて大きな挑戦ではなかった。なぜならここでは、主体にとっては「承認する」あるいは「応答する」相手が疑う余地もなく人間存在としてすでにいることが、暗に前提されていたからである。そして、ヘーゲルにしても、ミードにしても、承認される主体がその相手の人間としてのアイデンティティを確信できているかどうかを明らかにすることには、真摯に力を注ごうとはしなかった。最終的にサルトルにしても、たしかにあるやり方でその明白さの主張には同意するのであるが、それでもやはりその道筋はまったく違う方向を行くことになる。

サルトルが「他者の心」への問いの概略をまず描こうとする三つの節(第三部第一章第一節、二節、三節)が、少し混乱を招くような成り立ちをしているのは、もちろんのこと、「羞恥」の主観的感覚にあらかじめ、他の人間の存在についての確実性を前提とするかのような人間の感覚が想定されているためである(405ff.=II-18ff.)。サルトルが「対自存在」という主要概念にしたがいながら追ってゆくのは、反省に先立つコギトの意識の能作である。このコギトの見方からすると、急に私たちを襲う羞恥という感覚は、世界において少なくとも一人の別の主体が存在しているという想定を含んでいなければならない。そしてこの別の主体によって、コギトはその生の営みにおいて観察されていることが分かるのである。というのも、自分が恥ずかしいと思うことが意味するのは、昨今の分析的な研究と符号してサルトルのテクストで示されるように、[6]「他者を目の前にして自分を恥ずかしいと思うこと」(407=II-21)なのである。それゆえに、羞恥の感覚の特徴をなしている命題内容には、批判的な観察者という役割をはたす他者からの「承認」(406=II-19)についての想定が含まれている。他者の存在の問題がそもそもより正確に素描されていなくとも、ある解法のためのアプローチが浮かんでくるように見える。つまり、人間の感覚構造に基づいて、判断能力を持つ他の主体を主観的に否応なく受け入れなければならないということを導く、そうした解法である。

しかしサルトルは、自分の答えそのものにまだ安心していないかのように、導きの糸としてはじめられた思考の歩みをただちにまた中断してしまい、他者存在の問題それ自体に向かってしまう。五十ページにもわたって彼は、他の人物の存在への懐疑と結びついている「いっそうおそるべき問い」(407=II-21)を明らかにするのである。彼は有名な解決の試みを批判的に検証するというかたちで説明を行うが、その中心にあるのは、懐疑主義からのもっともらしい反論は認識論の優勢においてこれまで納得のゆくかたちでうまくいったことはないという推測である。「認識」パラダイムへのこの批判こそが、サルトルの相互主体性論のきわめて大きな挑戦と途切れることのないアクチュアリティをなしている。そして、このサルトルによる批判は、他の人物の存在についての確実性を、もはや認識論的なやり方では基礎づ

けようとしないという点で、ハイデガーとヴィトゲンシュタインの方法と一致するのである。(7)

すでにサルトルが「独我論の暗礁」の節で前置きとして触れている、「実在論」と「観念論」の両方との対決を見れば、彼の批判がたどりつくだろうと思われる先はすぐに明らかになる。他者存在の問題はサルトルの解釈によると、すでに述べた二つの伝統において、常に次のように設定されていた。つまり、他者の、同じように精神を宿した人間の存在を個々の主体はいかにして、確実に認識できるようになるのかについて、その主体は問われなければならないというのである。それゆえ、観念論においてと同様、実在論においても、そこでは「あらゆる経験」が「認識の一形式」としてとらえられるので、ある一つの思考モデルが支配的なのであり、それを私たちはジョン・デューイにならって「主知主義」と表現することができるのである。(8) このパラダイムの影響をサルトルは、彼が「実在論的（realistisch）」と呼ぶ、いくつかの立場において追証することには、わずかにしか力を注いではいない。というのもここでは、〔私たちからは〕独立に存在する現実（Wirklichkeit）という想定を前提にすると、他の人物の存在についての問いは、思考する主体が同じように精神を有している他の人間を世界の中で認識することがどの程度できるのかという「蓋然性」を確認するといった課題に移ることになる。すなわち、その場合、導き出されうる答えは、知覚可能な身体において精神的実体というアイデンティティを規定するメルクマールを見出すことができるために、いかなる特殊な能力が想定されるのかという点から見れば多種多様である。そのようなやり方を取るなら、他者の存在は常にただ認識《エピステーミッシュ》についての蓋然性にとどまり、したがって外的世界の現実性（Realität）の向こう側に移されてしまう。それゆえサルトルは、実在論の観念論への転換とも言うのである（411＝II–25）。すなわち観念論と実在論は共に、原則として現実性を経験的に知ることが及ばない存在論的な領域へと、人間の特徴となっている性質を追いやってしまう傾向を有するのである。しかし他方で観念論は、その議論の特定のポイントでは他の人物の存在を世界内的な事実として前提せざるをえないために、サルトルによるとそれはそれで「形而上学的」実在論へと転化せざるをえない。カントが彼自身の超越論主義でおちいるに違いない諸々の困難に基づいて、サルトルは観念論に対するこうした異論を明らかにしようとした。すなわち、超越論的主観性という前提のもとでは、他の人物はただ、経験世界内の構成された客体としてしか考察されえないのである。しかし、このことを通じて他の人物からは、彼／彼女がはじめて主体としての特性を備えた存在になる、そうした構成という能力がまさに失われてしまうことになる。ここで素描された袋小路を避けようとするならば、超越論的観念論には、独我論か、あるいは実在論的日常理解〔コモン・センス〕という二者択一しか残されていないが、これらの二つには同じように、維持できない帰結がある。つまり、一方で存在論レベルでは、他の主体の存在はまったく否定され、結局のところ「私たちの存在が持つ最も深い諸傾向」（418＝II–35）に抵触するに違いない〔独我論〕。あるいは他方で、そうした他者の存在は世界における問題のない事実のように論じられるが、認識論的自己矛盾はさらに考慮されることはない〔実在論的日常理解〕。サルトルはきっとカントを、冷徹で真面目すぎて「存在論的な孤独」（418＝II–35）の主張という選択肢を、まともに考慮することができないのだと考えた。そのためサルトルはカントが日常理解の相互主体主義に逃げたと想定したのである。この相互主体主義ゆえに、実在論が観念論へと前もって変化させられるのと同様、カントの観念論は実在論へと転化されるのである。

もちろんのこと、双方向的な転換運動についてのこの証明がサルトルにとって体系的な関心にかなっているのは、「他者存在」の問題をうまく解決するために避けなければならない誤りを、こうした証明を通じて確認することができるという理由からだけである。そうして実在論とまったく同じように、観念論もまた他者との関係を認識論的な表象モデルの枠組みにおいて分析している。つまり、主体はここでは、自分自身とあらゆる任意の対象とのあいだにあるのとまったく同じ空間的な距離によって、その相互作用の相手から切り離されているのである。結果として、これら二つの場合における関係は「無関心の外面性」(422=II-41) の関係として理解されねばならない。サルトルにおいてこの用語は、二つの「即自的 (an-sich-seiend)」対象のあいだの関係の、ある種の形式を意味している。それは、二つの側のうちの一方に、いっさいの存在論的な反作用も及ぼさないままでいることで、単に外面的な性質を保っているという形式である (vgl. 328f.=I-472f.)。関わることとそれ自体が、すなわち関係することが、独立した第三者の判断として考えられているに違いないのであり (328=I-473)、二つの客体の状態を不変の状態にしておくのである。そして、それゆえついには「無関心」の関係と呼ばれるに違いない。そこでサルトルは実在論と観念論においてそうした関係モデルに基づいて他者への関係が構想されていると主張するのであるが、そのことはサルトルによる「認識」という表現の使い方を明らかにする。つまり、〔実在論と観念論の〕両方の方法において主体は他の人物たちについては、ただ次のようなやり方でしか知りえない。それは、二人の人間存在のあいだには、まさに無関心という外面的関係以外の関係の余地がないがゆえに、主体がその人物たちを時間的－空間的に与えられた客体のように認識しようとするというやり方である。サルトルはこのことについて次のように語っている。「他者はけっして自分自身の存在で私の存在に作用を及ぼすことができなくなると、その後ただちに他者が私にとって明らかになる、その唯一のあり方は、私の認識に対し客体としてのみ現れるということになる」（422=II-41）。二つの伝統において「他者存在」の問題が解決されるために手助けになるとされている認識モデルは、このように、ここで相互主体的関係の領域を覆っている、以前からある表象の帰結として生じているのである。この相互主体的関係が、もし物理的客体についての判断のそれぞれの節目のあいだで支配的であるのと、まったく同じ無関心という特徴を存在論的に帯びているのであるならば、私たちが主体として互いに知り合っていることができるのは、個別的な性質を伴う客体のように自分たちを認識しようとすることによる。そのため、主体間の関係をただ対象のあいだの関係のパターンにしたがってのみ解釈することを前提するならば、他者の存在の問題を、認識論的な道筋とは異なったかたちで解決するあらゆる可能性は閉ざされてしまうのである。

サルトルにとってこの中間的成果からは、さしあたり次のような帰結が生じてくる。つまり、他の人物についての懐疑主義の論駁に際しては、主体のあいだの関係はもう二度と前もって「外面性（Exteriorität）」というパターンにしたがって把握されない、ということにとくに注意すべきなのである。サルトルがそうした対案を考えようとするときの概念は、周知のように「内面性（Interiorität）」というものである。つまり最初のアプローチにおいては、この概念のもとで、二つの存在様態のあいだのつながりが考えられている。そしてこのつながりは二つの存在様態に肯定的、あるいは否定的に作用しうるので、それらの様態の内的な成り立ちに影響を及ぼすのである。サルトルはこの概念の用い方を、対自的に存在する主体の超越という枠組みで「内面性の否定」の可能性を明らかにする前に、一〇〇ページを割いて説明している。すなわち、もし誰かが私について、私が「美しくない」、あるいは「豊かではない」と主張したならば、そうした判断は私にとってはけっしてどうでもよいものではなく、「私の存在の全体性」(329=I-473)を、たとえば私の自己意識を弱めることにつながったり、あるいは私に私を全体としてより悪いものとして感じさせることで、変化させるのである。外的な関係が物理的対象のあいだの判断によって生じうるように、それとは反対に、そのような「内面的関係」は包摂された数々の要素そのものの状態に影響を及ぼすのである。それゆえにこの内面的関係もまた、その存在様態が「対自的存在」の様態である、存在(Wesen)のあいだでだけ可能である。というのも、ただこうした「対自的存在」だけが、「(自らの)存在において、実際にはそうではない存在のあり方をつうじて規定され」(329=I-474)うるのである。また別の表現でサルトルは、ある種の内面的関係が持つと見なしうる独自性を「触発(Affizierung)」という概念を用いて表現する。つまり、外在性の関係において互いに結びついている要素は引き続き無関心な状態で互いに振る舞うのに対し、それらの節は別の内面的な関係においては互いに「触発」し合うのであり(422=II-41)、そしてもはや互いに関心を欠いているような応対をするのではなく、それらが存在していくなかでその時々に出くわす他者と関わってゆくのである。

このように概念を分化させることでサルトルはここで、実在論と観念論を扱ってからいったんはそのままにしていた地点から、独我論による反駁の企みに対する彼の対決の糸をもう一度たぐり寄せることができる。サルトルの関心のいまや中心にある三つのアプローチのすべてについて、彼の見方からすると、それらは相互主体性を内面的関係として解釈するという転回をすでに行っていると見なせるのである。フッサール、ヘーゲル、そしてハイデガーには、三人をひとまとまりにして一つの節が捧げられており（第三部第一章第三節）、そこでは自己と他者とのあいだの関係はもはや「切り離された二つの実体」（424=II-44）の統合というモデルでは考察されてはおらず、すでに「基礎的でかつ超越的なつながり」（ebd.）として正しく把握されている。しかし正しい見方に彼らがどんなかたちで近づこうとしたところで、サルトルが同じくすぐに私たちに示すように、彼らの方法はいずれにしても他者存在の問題を扱う際にまたしても失敗してしまうのである。これらの三人の哲学者たちは、つまり、フッサール、ヘーゲル、そしてハイデガーのいずれにしても、誰一人として個々人はその主観的なパースペクティヴのうちで他の人物の存在についての確信を有することができるとは証明できなかったのである。サルトルが彼らの共通の失敗に見ている理由は、やはりまた、認識論のパラダイムの優位と関連している。彼ら三人の著者たちはみな、相互主体性をたしかに双方向的な触発の関係としてとらえていたにもかかわらず、いずれにしてもやはり最終的に、他者との関わりを、認識を行うことのうちにまたもや埋没させてしまうのである（424=II-45）。

すでにサルトルは、フッサールのアプローチが「古典的学説」に対してもたらした「進歩」ゆえに彼を讃えていた。その理由は、ここでは経験界の超越論的構成へと、他の主体の意味創出的な能作がそもそも同じ由来を持つものとして、包摂されているからである。事実フッサールの現象学は、次のことを前提としている。つまり、超越論的主観の知覚野において他者は、対象と事情の認識可能な意味を生み出すことに構成的に関わっているために、常に共に現れているのである。こうした理由から「フッサールにとっては世界は、それが意識に対して姿を現しているように、間モナド的（intermonadisch）なのである」（425=II-45）。しかし、ある超越論的主観が、共に構成された経験界の向こう側にいる現実の人物といかなるつながりを持つのかが問われるやいなや、フッサールもまた再び認識論のパラダイムの軌道に戻っていってしまうのである。他者は、もはやここでは共に現れてくるものとしてではなく、具体的に存在する主体として理解される。そしてこの他者は、この主体が世界が全体として存在することにあてはまるようなあり方とまったく同様なかたちで、超越論的な思考操作の単位となるのである。結局、それゆえフッサールは、他者存在についての確実性に私たちがどのように到達するのかという問いを、あらためて認識論の素材にしなければならないのである(9)。

それに対してヘーゲルは彼の承認論において、サルトルが「内面性」の概念においてすでに間接的に素描していた要求に、さらに踏み込んで応じようとする。そして、主体相互のあいだの単に外的に過ぎない関係という表象は『精神現象学』ではみごとに乗り越えられている。というのも、この生と死を賭した闘争では主人のほうがその「精神の内面」（432=II-55）において奴隷への依存におちいっているのであり、奴隷に承認されるおかげでやっと主人は自分自身の対自存在の確実性にいたることができるのである。したがってヘーゲルは、サルトルが観念論と実在論に対してだけではなく、フッサールに対しても促していたステップを、「天才的着想」（432=II–55）においてすでに進めていたのである。個々の自己は他者による承認を得られないとすれば、けっして自らの自由の意識に到達することができない。そのために主体たちは、ヘーゲルによると、個々の自己（Ich）が存在していくなかで、直接的に他者と関わるかぎりで、内面性の関係によって互いに結びついていると考えられるのである。[10] サルトルにとってもちろん解決しなければならない「他者存在」の問題に立ち返ると、このヘーゲルの思考の歩みからは、独我論の懐疑に全面的に向けられた異議申し立てが生じてくるように見える。その理由は、他者がその存在においてまったく疑われることがありえないのは、その疑いそのものが、そうした他者を前もって承認することに由来する、そうした自己意識の表現かもしれないからである（432=II–55）。

この論拠を持ち出してサルトルは、三人の哲学者の議論の再構成において、ようやく相互主体性の問題性がいかに解決されるのが素描されるようなポイントに到達する。彼がこれまで扱ってきた試みは、それらが他の主体をきまって認識可能かどうかという観点からのみ引き合いに出してきたために、懐疑主義を反駁することができないのである。懐疑主義の論者たちが主知主義的な隘路におちいらざるをえなかったのは、人物のあいだの関係を、比較しつつ判断するにあたって対象のあいだで典型的に生み出されてくる無関心な関係とあらかじめ類比してとらえているからである。相互主体的な関係をこのように外在化させることで払わなければならない代償は、いずれの場合も同一である。つまり、他の人物の存在への問いが、物理的対象に対して立てられるのとまったく同じように、認識できるかどうかという問題になると、たちまち懐疑主義はもう反駁されえないものとなるのだ。なぜなら、その場合にはおおよその答えしか得られず、しかも疑問の余地のない確実性などありえないからである。ここでヘーゲルはこの認識論的疑惑を、個々の主体を「他者の本質的な存在に『依存して』そもそも〔本質的に〕存在している」（432=II–55）と見なすことで、乗り越えたかのように見える。すなわちヘーゲルによると、自我（Ego）が対自存在の意識にたどり着くことができるのは、たしかにただ、他の人物に認識されている場合だけであり、この人物もまた他方でこの自我から承認する能力のある存在として確認されなければならないのである。そしてこうした理由から、自我は向き合っている人間が実際に存在しているのかどうかについては、けっして疑うことができないのである。主体が自らの生の遂行の「質」に関して他者から影響を受ける、あるいは「触発」されうるという事実は、その他者の事実としての存在について言うならば、あらゆる懐疑も排除する。しかし、サルトルはヘーゲルのこうした洞察のすべてを受け入れ、つまり、ヘーゲルの「個々の観察」（433=II–56）の「豊かさ」と「深さ」を讃えるものの、結局のところは承認論もまた再び認識論的思考に捕まえられていると見るのだ。つまりサルトルによると、やはりヘーゲルはそこで、決定的な箇所で簡潔に示されているように、自我と他我の関係を認識関係ととらえているというのである。というのも、ヘーゲルは観念論的なやり方で、ある人間の「意識」を他者の「対象」にしているからである（433=II–57）。サルトルがこのような異議を立てる際に、まさに考えていることは、『精神現象学』に対して彼がキルケゴールの実存主義的なモチーフを持ちだす際にもっと明らかになる。そこでの議論によると、ヘーゲルが主体をもはやその個々人としての個別性の承認ではなく、普遍的原則という、さらに上にある真理の承認をめぐって闘争していると見るやいなや、彼は承認をめぐる闘争を認識論的に歪めてしまうかのように見えるに違いない。「個人は個人としての充実を、その具体的存在の承認を要求するが、普遍的構造の客観的説明を求めるのではない」(435=II-61)。きわめて慧眼なのは、サルトルがここでページをわずかに割いて、哲学的に「承認」概念について論じていることである。彼にとっては、主体がその「尊敬に値すること(Achtbarkeit)」そして「法権利」(435=II-61)、すなわち普遍的なものを要求する場合に、その主体が主張する承認ですら、常に個々の存在の個別性にまで遡り、関係づけられているのである。というのも、そうした普遍的で、社会的に一般化された承認という媒体の本質は、たとえばそれが国家公民の法権利を表すように、なんといっても、「個人の目的のために」(ebd.) 存在しているという事情にあるからなのである。

もっとも、認識論の支配についてのこうした異論と非難のあいだにあるような関係は、サルトルの議論において明らかであるとはとうてい言えない。たしかに、ヘーゲルが『精神現象学』において承認をめぐる闘争を、真理を明らかにすることに、すなわち人間精神の相互主体的な成り立ちを理解することに役立つような出来事へと読み替える傾向があることは正しい[11]。またおそらくはここから、ヘーゲルは、主体たちを最終的にはもはや自分たちの具体的な存在の承認をめぐってではなく、自分たちの命題的な主張が相互主体的に妥当することをめぐって戦うと見ているという結論が生じてくるだろう。しかしこれらの認識論の方向を向いた傾向があるからといってすべて必ずしも、ヘーゲルが個々人たち自身を互いに「意識」と「対象」、「主体」と「客体」の関係にもたらすことになるとはかぎらない。むしろ、彼においても主体たちも討議参加者としてなお双方向的に触発され合うという特殊な関係なので向き合うのである。この特殊な関係についてサルトルが前もって用意していたのが「内面性」という概念である。そして、あまりにも早急にサルトルは、一見してそう見えるように、ヘーゲルの『現象学』の認識論的問題性から相互主体性の構想を逆向けに推論する。ヘーゲルは彼の成熟した承認論においてとりわけ認識論という目標を追求したのだとしても、その場合ですら、だからといって彼は相互主体的な関係についての自分の表象を、対象の認識という図式に自動的に合わせていたわけでもないに違いない。しかし、サルトルがこの違いをうまく分からなくしているので、彼は自分自身が最初に抱いていた意図に対応するように、「内面性」概念を内在的に詳しく分節化する（Differenzierung）こともせずにもすんだのである。つまり、実際には、討議参加者のあいだの相互的関係と彼自身が相互主体性について念頭に置いていた双方向的な触発のあいだには、深く根づいている一連の差異が横たわっていて、これらの差異はサルトルの用語法では適切にとらえられえないのである。

こうして、サルトルがヘーゲルの相互主体性論と対決する際にすでにさまざまな問題を残しているので、そのことはハイデガーの構想である「共同存在（Mitsein）」への批判についても、なおいっそう起きてしまう。それどころかここでは両者の側にある解釈問題が積み重なり、それらに簡潔な注釈を与えて適切に扱うことなどほとんどできないほどである。その状態をわずかな言葉でまとめるなら、だいたい次のようになる。おそらく疑念の余地はないと言ってよいだろうが、「共同存在」という概念でハイデガーは、志向的に行為し認識する主体の経験レベルよりもさらに深いところにある、そうした相互主体性の層を露呈させたいと考えていた。それゆえ『存在と時間』において他者は、主観的に開示された世界での「事物存在者（Vorhandenen）」として、最初から姿を現さない。ここで他者は自己（Selbst）と共に、「われわれ」として現存在における自我が持つ志向性のあらゆる出現にとってさらに基礎となっている、前志向的な重要性をなしているのである。[12] そのことに応じてこの「共同存在」についてハイデガーは次のように主張することができる。この「共同存在」は、「他者が事実として目の前におらず、知覚されない場合でも、実存論的に現存在を（規定）するのである」[13]。その理由は、二人称が身体をともなってそこにいるかどうかとは関係なく、私たちの現存在はいつでも、まずはまだ分節化されていない私たちというパースペクティヴ（Wir-Perspektive）から生じるということにある。ところでこのハイデガーの構想をめぐって今日では、それが共同体的体験の可能性を肯定的に示しているものとしてなのか、それとも「ひと（das Man）」における規範に導かれた行為の非本来性を否定的に示しているものとしてなのか、どちらの方向で理解しなければならないのかはもちろんのこと議論の余地がある。というのも、二つの解釈のうちどちらを優れていると見なすのかに応じて、「共同存在」という概念においては一方ではあらゆる行為の前志向的な相互主体性の層が、他方では大衆の慣習性において個々人が自己喪失する危険が、透けて見えてくるからである。[14] サルトルはというと、彼自身の解釈ではきわめてはっきりと最初の選択肢にしたがっているが、その場合にはもちろん解釈を加え、ある転回がなされている。そしてこの転回は彼の見方によれば、ハイデガーにおいてはっきりと説明が抜け落ちているポイントを明らかにするのである。サルトルがその分析の最初のステップで明らかにしているのは、『存在と時間』では「認識」モデルがまず最初に完全に克服されているということである。というのも、「共同存在」においては、主体たちを互いに「存在論的連帯性」(445=II-74) の関係へともたらす、世界に対して共に「気遣う」ことが目指されているからである。「他者はけっして対象ではない。他者は私とのつながりにおいて現存在 (realité-humaine) に、つまり「世界‐内‐存在」としての存在であり続けるのである……」(445=II-74)。そのために主体たちは個々人の志向性があらゆるかたちで生じてくる前でも互いに関わり合っているので、ハイデガーにとって他者存在についてはどのようなかたちにおいても、もはやまったく問われることがないのである。他者がまずはまったく疎遠な相手として登場しえず、前もって本源的な相互行為において含み込まれているところでは、主体が個々のパースペクティヴにおいて他者の存在をどのように確信しえているのかということも、さらに究明される必要がないのである。しかし、まさに前志向的な相互主体性におけるこうした方法こそが、サルトルがここでいくら好意的な筆致で描いていようともけっして受け入れることができないものである。というのもサルトルからすればこの提案をする際にハイデガーは、個々のコギトという出発点からすでにあまりにもかけ離れてしまっているのである。そして、他者問題をおおよそ視野に入れようとするなら、個々のコギトは当然のこととして前提されなければならないはずである。主体たちの対自存在よりもさらに深くの、相互的にすでになじみの存在という存在論的層が引き込まれることで、「共同存在」の概念は元々関心を持たれていた問題に答えることはなく、この問いを気づかぬうちに消え去らせるのだ。「私の意識に対する他者の本源的な関わりは、けっしてきみとわたし (Du und Ich) ではなく、私たちである。そしてハイデガーの言う『共同存在』はけっして他の個人に対する、明白にして判明な個人の立場ではない。またこの

『共同存在』は認識ではなく、競技者がそのチームと共にあるような漠然とした共同存在なのである……」(447=II-77)。それゆえ、サルトルから見て「認識」という主知主義的なパラダイムへの逃避が誤りであったのと同じように、彼にとって他方で主体以前にある共同体性というまったく反対のものへと逃れることも説得力に乏しい。つまり最初の場合では主体のあいだの実存的な相互性の可能性が否定されていて、ついには他者はただ単に認識できるかどうかという基準にしたがってしか視野に入りえないのに対し、第二の場合では、いわば実存的に前もって過剰に調和していることが想定され、結果として主体のすべてが個々のパースペクティヴにとらわれているという前提が消え去るのである。そのために、「存在論的共存(Koexistenz)」から「存在論的『共同存在』」(448=II-78)の領域へ、この領域こそがなんといっても他者存在の問題においてそもそも重要であるにもかかわらず、引き返す道はないのである。その理由は、この日常的な交わりという事実性の領域をまず第一に満たしているのは、そのつどの「対自存在」の個々の地平になじんでいる主体たちであり、そのためにこの主体たちにとってこそ、他の人物の存在が意味のあるかたちでそもそもはじめて立てられうるのである。

　サルトルがハイデガーの「共同存在」という概念に向けた批判をこのようにわずかに示しただけでも、大まかではあるがいまやすでに、彼が自分自身のアプローチの課題をどこに見ているはずなのかがだいたい分かってくる。つまり、他者存在の問題を認識論的なやり方で解決しようと試みる諸々の立場とは一線を画くし、サルトルは、前志向的な共同の想定と同じになってしまうことなく、「認識」の向こう側にいる、そうした他者についての確実さの由来を明らかにしなければならない。さらにそうした解決策の出発点をなすに違いないのは、個々の主体の意識の地平である。というのも、ただそこにおいてのみ、他者の存在への問いをそもそも浮かび上がらせるために他者との十分な距離が保たれるからである。しかし、もう再び経験というパラダイムに立ち戻らないのだというのであれば、そうした主体の経験への関わりに含まれているものの範囲は、伝統的な規模をはるかに越えて拡大されるに違いない。

Ⅱ

サルトルは自分自身の解決策の提案の概略を示しはじめるまえにすでに、「フッサール、ヘーゲル、ハイデガー」の章の最後の数ページで、三つのアプローチへの批判からはっきりと現れてきたいくつかの帰結について、もう一度簡単に述べている。この簡潔な要約を読むだけでよりはっきりと現れてくるのは、私たちが先ほどすでに議論のさらなる展開が取るべき方向についてほのめかしておいたものである。つまり、「他者の存在」の問題が解決されるとするならば、それは、一方で他者の「認識」という誤解を導くような表象が完全に避けられる場合であり、他方ではそのために、前もってある主体の「志向性」という想定を放棄するという犠牲が払われてはならないのである。先の要約においてこの逆説的な印象を与える思考の歩みを、きわめて肯定的に言い表すとすれば、次のようになるだろう。つまり、サルトルによると、コギトを確証すること自体に、外側に向けられている認識の過程では得ることのできない、そうした他者についての確実性が、「内面」において発見されうるはずであるということが示されているのである。「つまり対自に要求しているに違いないことは、私に対他をもたらすことであり、そこで絶対的内在には、私たちを絶対的超越へと立ち返ることを要求しなければならないのである。つまり、私自身の最も内奥の部分に私は他者を信じるための理由を見つけ出さないといけないのではなく、私ではないものとしての他者そのものを見つけなければならない」（455=II-89）。まったく同じ関連でサルトルは次のことも明らかにする。すなわち、個々人がコギトを自己確証する際に出会うとされる二人称は、けっして単なる「対象」のかたちをとっていないに違いない。というのも、そのことは「内面性の関係」をもふたたび「認識」の範型にしたがって解釈することを意味することになるだろうし、その結果、他者はあらためて単に「蓋然性」の様態でだけ存在し、そしてけっして「確実性」の様態で与えられることはないだろう。そのような対象として扱うのではない関連づけの特殊性を際立たせるためにサルトルがここで用いているのは、もはや「触発されていること（Affiziertheit）」という言葉ではなく、「関わっていること（Interessiertheit）」という言葉である。つまり、私たちが意識内容を自己確証する場合に確実に与えられているというような他者は「私たちの存在において私たちに関わる」（455=II-89）のであり、その結果「対象」のかたちを取らない。そのような言葉遣いをすることで、他者存在の問題を解決するためにサルトルが取るに違いない方向は十分に決まってくる。再帰的に自己の確証を行う際に私たちが抱いている意識の内容については、私たちが自分の人生を営むなかで他の人間が私たちに深く関わり、あるいは私たちをうろたえさせるがゆえに、その人間の存在を私たちに確信させてくれる、そうした要素が確認されねばならないのである。

さてサルトルは、彼の著作の第三部のはじめの箇所ですでに（405ff.=II-18ff.）、ある鍵を私たちに与えていた。そして、この鍵には、そうした意識内容の典型的なケースを彼がいかに思い描こうとしているのかという問いへの答えが含まれていた。そこで、人間の感情の例として示されていたのは、「羞恥」であり、そしてこの感情が生じるために不可避の条件には、少なくとも一人の他の人物がいるという想定が含まれている。つまり、私たちがある行為や、ある考えを恥じるとき、サルトルが言わんとすることにしたがえば、私たちがそこで行う行為を観察されていると感じる、他者の存在をそこでいつも前提しているに違いないのである。サルトルが前もって行ったさらなる考察について、これまでに私たちが知りえたことによると、羞恥は、他の人物についての確実性という契機においてすでにあるに違いない、そうしたすべての前提を含んでいるとまで、さらに言えるのである。というのも、自らを恥じるという感情において私たちは必然的に私たちを観察する他者を前提するだけではなく、この他者によって、自分自身が自己意識においてより矮小化されているように見えるという意味でも、実存的に関わっていると感じるのである。つまり、羞恥は、対自的な主体に、ある種の二人称を気づかせる意識内容を示すのである。つまり、この二人称と対自的な主体は、自分自身が関わっているがゆえに実存的なつながりを持っているのである。

それゆえ、サルトルの最終的な解決策が、これまですでに「羞恥」において描かれてきた意識構造の一般化の帰結と理解されうることは、そもそも驚くべきことではない。有名となった「まなざし」という標題のもとで、すでに述べた三つの哲学的アプローチとの対決のすぐ後に続く節でサルトルは、非常に重要な観点において「自らを恥じること」とあらゆる特性を共有している心的状態の一般形式を紹介する。なにによってこうした意識状態が特徴づけられるというのかを適切に理解できるためにおそらくもっともよいのは、サルトル自身に示された例にしたがって、ここから重要な特徴を特定することである。もっとも、「まなざし」の節の中心にある（467ff.=II-107ff.）一連の行為は、詳細な説明をほとんど必要としない。それは、そうした行為が次第に哲学の文献において、例として示される場面のお決まりのレパートリーに含まれているからである。つまり、次の行為の連続である。ある人が、閉まったドアの向こう側から聞こえてくる物音によって刺激を受け、「嫉妬」にかられ、「好奇心」をそそられ、あるいは「悪い習慣が身について」しまっていることを感じ（467=II-107）、そうして鍵孔を覗きこんで隠れている情景を知ろうという一連の行為である。その人が自分の背後の廊下で足音を耳にすると共に、突然彼の注意の方向は変わり、そして彼は匿名の他者によって観察されていると感じる。私はこの状況を、サルトルが彼のテクスト自体において、どちらかと言えばあちこちにばらばらに記している定義にしたがって四つのステップに分けて再構成しよう。そして、最終的に、ここで相互主体的な確実性の構造について語られるものを要約してみたい。

（a）この場面の出発点となっているのは、サルトルが「非措定的（nicht-thetisch）」（467=II-107）と表している意識状態に、自己があるという状態である。ここで語られている主体、つまりドアの背後から聞こえてくる事象に好奇心を掻き立てられている人物は、自分自身の意図に意識して注意を向けずに振る舞う。それに応じて、鍵孔ごしにのぞき見るためにこの主体が試みることは、いずれにしても行為の目標を果たすために邪魔になるものを、まさに反射的に取り除くというかたちで実行される。つまり、「ドアと鍵孔は、道具であると同時に障害物である。それらは『注意をして取り扱われるべきもの』を表している。そして鍵孔は『近いところから、そして少し脇から見るべきもの』として与えられている、等々」(468=II-108)。実践的な問題克服にそのように没頭してしまうと、そこで世界はアクターに対して道具的に解決される課題の地平に収縮してしまうのだが、このようにのめり込んでしまうことをサルトルはまた、意識が行為の実行と一緒になってしまう状態としても言い表していた。「私の意識」は、サルトルはそう先鋭化して言うのだが、「私の諸行為にぴったりとくっつく。つまり、私の意識は私の行為である」(ebd.)。それゆえサルトルはここで、次のようなプラグマティズムの基本思想からはそれほど離れてはいない。その考えによると私たちの環境における諸現象は、そのつどの行為目標に照らすと私たちの助けとなるように向かい合ってくれるか、あるいは逆に阻害するというかたちで立ち向かってくるのかのどちらかである。そして私たちは、私たちの生活を普通に営むなかでこれらの現象に、まずはまったくルーティン化したあり方ですべての注意を向けるのである。そしてサルトル自身もまたそうであるように、ジョージ・ハーバード・ミードもまた、人間の意識野は日常的な振る舞いにおいてまず、「そうした振る舞いに含み込まれている目標の達成のための手段と見なすことができる」、そうした客体にのみ向けられると語っていた[15]。そのためこれら二人の著者たちにおいては、次のような意識状態があらゆる行為の出発点と見なされている。つまり、アクターが自分にとっては当然である目標を、実践的に実現することに懸命に取り組み、自分自身の志向性(Intentionalität)に自覚的になることができるという意味で、前反省的ないしは、「非措定的」であるような、そうした意識状態がここでは前提とされている。

（b）ここで記述されている行為状況の第二の局面を描くときにも、サルトルは最初のうちはまだ、アメリカ流のプラグマティズムの方法と少なくとも出発点の仮説を共有する理論枠組みにとどまっている。気がかりな物音を耳にすると共にアクターの注意野が突如として移動することを示すには、テクストではただ一文だけで十分である。「今、私は廊下で足音を聞いた。つまり、誰かが私を見ているのである」（469=II-110）。私たちがのちに見ることになるのは、サルトルにとってはいかにたくさんの帰結が行為の経過において、こうしたある一つの変容と結びついているのかである。

（c）しかし、サルトルははじめはただ、主体の意識の地平における転換だけを際立たせている。この転換は、G・H・ミード、あるいはジョン・デューイたちがアクターにとってのルーティン化した振る舞いの遮断の結果を規定しようとしたときにも、同じやり方で主張されえたのかもしれない。廊下での物音を耳にすると、サルトルが言うには、主体からすれば、注意の向く方向を突然変えてしまわざるをえないのであり、そのようなかたちで前反省的な行為は阻害されるのである。扱うことができる周囲のものの客体世界にだけ、これまでのように集中しているのではなく、アクターは関心が中断したとたんに自ずと、自分自身の「自己」（ebd.）に戻るのである。そしてそれと同時にこの「自己」は、自分の意識の地平に一挙に「侵入」する。もっとも、この暫定的な表現の仕方をサルトルはすぐに訂正する。そうして彼は、そのように突然、思い浮かんでくる客体において重要なのは、その客体の直接性における「自己」ではなく、ただ「他者にとっての客体」(470=II-111)としての役割における「自己」であることを説明する。主体がそのような状況で自らについて把握できるものは、目的格としての私(ein Mich = me)である。つまり、自分に聞き取れた他者の想像上のまなざしが注がれている、私である。それゆえサルトルより前にG・H・ミードがすでに行ったように、サルトルもまた次のように言わんとしているようである。つまり、主体は、他の人間のパースペクティヴから客体として自分自身を思い描くためにそうしたパースペクティヴに自分自身を置くことによってでしか、自分自身の意識に到達することができないのである。これら二つの方法〔ミードとサルトル〕に違いがあるとすれば、それはただ次の点にあるのだろう。つまり、ミードはこうしたパースペクティヴを取るというメカニズムを身振りによるコミュニケーションという前言語的な過程に基づいていると見るのに対して、サルトルはそのメカニズムをまなざしを向けられるという視覚的なモデルにしたがわせようとするのである。しかしすでにサルトルの記述の次のステップではっきりと示されるように、これら二人のあいだの一致は、出発点において予測できるよりもはるかにわずかである。というのも、サルトルはここでパースペクティヴを取るという行為に実存的な帰結を付け加えるのだが、それはミードが彼自身の前提にしたがって認めることができたはずのことを、はるかに越えているのである。

(d) まなざしを向けられるという経験に主体は、足音に気づくことで突然直面するのだが、この経験はサルトルにとっては単なる意識の変化以上のものを意味している。むしろサルトルからすれば、主体にはこの瞬間に完全な態度変容が起き、主体の自己イメージを強制的に危機におとしいれるに違いないのである。このことに関係する現象の描写をサルトルは、ある一文によってはじめるのであるが、この文において「承認」概念は興味深いことに、他者との関係において適用されているのではなく、自己関係へと用いられていることが見て取れる。他者に見られていることを主体が「体験」し、ただ「認識」するのではない（471=II-12）ならば、ただちに「他者がまなざしを向け、判断しているのは実際にはこうした客体であるということを主体は承認」（ebd.=II-113）するのである。この表現でまず確実に重要なのは、サルトルがどれほど力を注いで強調して「体験」と「承認」の内的関連に注意を喚起しようとしたのかである。サルトルが言わんとしているように見えるのは、ある事情を「承認する」と言うことができるのは、その事情がただ単に認識される場合ではない。私たちがその事情について「内面性の関係」の範型にしたがって、実存的に関わるという意味で「体験する」ときだけなのである。それゆえ「承認」には、おそらくこのように言っていいと思われるのだが、実存に関わる衝撃が、つまりは自らの自己理解における突然の転換が、常に結びついている。そしてこれらの変化は、なにかが主観的に触発されて、ありありと思い浮かべられているということに由来するのである。ここで関わっている主体の側でのそうした類の承認がいったいなにを目指しているのかをサルトルは、彼の表現において重要な意味を持っている第二の概念に照らして明らかにする。すなわち、まなざしを向けられるという契機において主体がはっきりと思い浮かべ承認するのは、主体が事実として別の主体にとっては客体として存在するということである。ここで「客体」と理解されていることは、ミードが「ミー（Me）」という概念において念頭においていたことよりもはるかにたくさんのことを含んでいる。その理由は、ある人物の自己理解全体に関わってくる実存的経験という層が、そこでは〔サルトルにおいては〕同時に想定されているからである。そのため、主体のこの実存主義的な変容をあらゆる面から描くために、サルトルは一五ページも割く必要があった（471–486=II–112–130）。サルトルがさらに続いて「客体」という概念で理解しているものを分かるための鍵は当然ながら、その著書では人間主体の「対自存在」の存在論的な対抗概念をなしている「即自存在」というカテゴリーによって与えられる。すなわち、サルトルがこのカテゴリーに持たせる重要な意味のうちに、まなざしを向けられることについてのサルトルの現象学を、パースペクティヴ取得についてのミードの分析から切り離す隔たりが全体として隠されている。「外面性の関係」という概念からすでに思い起こされるのは、サルトルが単なる対象にすぎないもののの存在の様態をいかに描写しようとするのかである。つまり、これらの対象において重要であるのは、ある特殊な部類の存在現象である。その理由は、それらの対象が意識の「超越」とは異なり、そのつどの状態を絶えず否定するための能力を持っているからではなくて、「不透明」で、「一つのかたまりをなし（massiv）」内面的ないかなる差異の痕跡もないからなのである（37ff.=II–66ff.）。それゆえ主体が他者の視野のなかで単なる「客体」であることを「認める」ならば、そのことの意味はサルトルにしてみれば次のことに尽きるものではない。つまり、存在のある別のカテゴリーに含まれることを主体が、実存的に実感して理解するという程度ではいまやないのである。このように主体は自らを、ただ対象「のように」のみ観察され、ないしは扱われていると感じるだけではなく、主体はここでいわば、自分自身の状態を超越するためのあらゆる能力が欠けてしまっている、純粋な対象「なのである」。それゆえ、首尾一貫しているのは次の場合だけである。すなわち、サルトルが、ミードとは異なって、まなざしを向けられるという状態を、そこにいるかぎりでは「対自存在」からは不透明なあり方でしか存在しない一個の自然が生じてくるだけの、物象化のある種の現象として記述する場合である。すなわち、「テーブルの上にこのインク壺があるように私は他者に対して座っているのであり、この木が風によって曲げられているように私は他者に対して鍵孔を覗き込んで身をかがめているのである。そのような場合に私は他者に対する超越を放棄しているのだ。[…] 私には外部があり、私は一個の自然である。私の原罪は他者の存在である。そして、羞恥は——誇りと同じように——自然としての私自身の知覚であり、まさしくこの自然が私に気がつかないもので、そのものとして認識できないものであったとしてもそうなのである（473f.=II-117f.）。結局のところこのようにわずかの章句を並べてみただけでも、サルトルがそれ以降のページで展開することになるすべての定義が含まれている。そしてこれらの定義においては、まなざしを向けられることによって物象化された主体の実存的な自己経験が記述されているのだ。すなわち、こうした主体は、単なる対象へと変容してしまっているので、存在可能性のあらゆるものが奪われており（427=II-48）、そのうえ物理的な時間に固定化できる（481=II-129）、世界のなかの空間的に拡大された客体になっているのである（479f.=II-128f.）。もちろん、まなざしを向けられるという契機において主体が行う「承認」という行為は、この最初のステップでやはりまだ終わってはいない。サルトルが主張するのは、むしろ、自分自身の対象化（Vergegenständlichung）を実存的に認めると同時に、さらに第二の形式の承認、つまり、まなざしを向ける人物に向けるというかたちで承認が行われるということである。たしかに、ここで承認の第二のステップ、あるいは「形式」と呼ぶことは、まったく同じ態度変更の二つの側面がむしろ問題となっているかのように見えるために、誤解を招くほどである。このことは、サルトルが「他者存在」の問題への彼自身による解答の方法として呈示するものの核心と関連している。

（e）　まなざしを向けられた主体が自分自身についていかなる種類の承認を行うのかを描写したあとで、サルトルは彼の分析の第四のステップで、承認の正反対の方向、つまり主体から他者へ、言い換えればまなざしをこちらに向ける人へという方向に取り組む。たった一文で、しかも簡潔にまとめつつサルトルは次のことを明らかにしている。つまり、このようにパースペクティヴを変更することはまさに、テクストのなかで最初から求められていた、実存的な確実性の形式につながるのである。「まなざしにおいて顕示されない客体性として私が自らを経験する場合に、こうしたまなざしの経験において私は、直接的に、そして私の存在と共に他者のとらえどころのない主体性を経験する」（487＝II−137）。他方で、ここで意識的に選ばれているいくつかの重要な表現の組み合わせこそが、サルトルの議論がとくに標的としているものを明らかにしてくれるのである。まず、ひときわ目に付くのはその文章において、他者の主体性を「経験」することが――「認識」することではなく――問題となっていることである。つまり、「私の存在において」という補足と結びついて、この表現はそこでは新たに次のテーゼを導くことになる。そのテーゼによると、私たちがある事情について「承認」すると言うことができるのは、ただ、実存的体験、ある自己理解についての変化が重要である場合だけである。そのためにサルトルが言いたいことは、私たちは自ずとそして直接的に他者から個人として触発されていることが分かるので、まなざしを向けられる瞬間に、その他者を私たちは承認するということである。私が他者の存在を認識できるかどうかについて問う必要がないのは、反対に私が、個人的に関わっていることから、他者が別の人間主体として存在していることを、ただちに確信しているためである。私が個人として触発されていることは、その事実だけで、すなわち、私は自分自身の行動（鍵孔を通じてのまなざし）に判断をするような態度（羞恥）を取るという事情だけで、他者の存在について私たちは間違いなく納得することができるのである。これまで私たちが検討してきた規定のいかなるものにおいてよりもはっきりとこの思考の展開において明確になるのは、したがってサルトルが「内面性の関係」と理解しているものである。つまり、ここでコギトのパースペクティヴから重要であるのは、相互主体的に接触することによって私たち自身についての判断を行わざるをえなくなり、結果として私たちが自らの自己理解を変えなければならないことである。そして、そうした関係の事実をもっとも明確にほのめかすものは、「自己反応的な性質」[16]を帯びて突然生じてくる、諸々の感情なのである。

しかし同じように重要であるのは、引用された文章において「経験」という表現がそうであるように、私たちが他者をなにものとして承認するのかを表現する際にサルトルが用いた概念も、まったく同じ関連にあるように見えることである。先に描写された状況において主体が置かれている、その存在状態とまったく対照的に他者について主張されるのは、この他者は「とらえどころのない主体性」において体験され、同時に承認されるということである。ここで用いられている「とらえどころのない」という形容詞による修飾は、当然ながらサルトルが相互主体性の認識モデルに向けて行った批判と関係している。「とらえることができる（erfaßbar）」という表現で理解されているものが、他者の「対自存在」を中立的な対象のようにそこで外側で認識することであるならば、他者の主体性は「とらえることができ」ない。というのも、そうした認識がどのような性質を帯びていようとも、このような認識は他者をいつもただ可能な対象としてしか視野に入れることができないのである。それに対して、自らが関わっている状況において主体がなす実存的経験について主張されるのは、そこで他者はさらに「とらえどころのない」主体性という特徴を示していることである。すなわち、他者について肯定的な経験がなされ、そしてそれゆえ確実であると見なされうるものは、まさに他者の客体としての性質ではなく、その「対自存在」の自由なのである。このテーゼにサルトルが与える最も重要な論拠は、結局のところ、まなざしを向けられるという状況のもとになっている、相互主体的構造の普遍化から生じてくる。自らに対して特定の感情を抱きつつ判断する態度を取る客体として自分自身を知覚できるために、私は必然的に、前もってある種の他者のパースペクティヴにしたがわなければならない。この他者は、私自身をその判断の客体にする自由を保持しているのである。こうした理由からサルトルは、自分自身が客体であるという経験は他者の主体性の承認と結びついている、と言うことができたのである。「実際に私から私が離脱することと、他者の自由の登場は同じ一つのことであり、私はそれらをただ一緒にしか感じることができないし、生きることもできない。私はけっしてそれらを、一方を他方とは別にして把握しようとすることもできない。他者という事実は議論の余地のないことであり、私の核心に関わってくるのである。

私は不快によってこの他者の事実を実感する。つまり、この不快によって私は、この世界でありつつ、それでも私がただ予感することしかできない一つの世界において、常に途切れることなく危険におちいっている。そして他者が私にとって現れてくるのは、まず第一に構成されていて、その後に私と出会う存在としてではない。そもそも他者は私に対する存在として私との存在関連において現れてくるのであり、また他者はその存在に議論の余地がなく、事実として必然的であるということでは私自身の意識と同じなのである」(494=II–149–150)。

このポイントからサルトルが、独我論の懐疑主義が決定的に論駁されるという解法にたどり着くためには、ほんのあと一歩、最後の一歩を進めればよいのである。これまでのところ、例となっている場面の説明ではたしかに次のように見えるに違いない。つまり、個人は、ただ二人称の、現実に目の前にいる人物から自己客体化のための経験的な刺激を得た、そのときにかぎって主観的パースペクティヴにおいて相互主体的な確実性に到達することができるように思われるのである。すなわち、先に描かれた状況で足音が聞かれることによって現れてくるような、そうした具体的な他者がいないのだとすると、それに副次的に他の主体の自由が前提とされるに違いないようなあり方で、主体が自分自身を客体として経験することはけっしてできないだろう。しかし、二人称の人物が実際に現れることと、このように緊密に結びつくことで、サルトルにとってはある危険が生じてくる。つまり、他者の「事実的な必然性」からは結局のところ、やはり偶発的な事態だけがまたもや生じてくるのである――私たちが他の人物の存在をいわば常に確信しているのだとすれば、それはただ私たちが実際に目の前に居合わせる人びとによって刺激を受けて、外的な判断の客体として自分自身を体験するというような場合にかぎられるのである。ただ偶然にすぎないものへそのように転回するリスクを免れるためにサルトルは、最後のステップでなんとかしてまなざしを向けられるという状況に、準超越論的な性格を付与しようとする。そこで彼はまず再び、先に取り扱った例の場面からはじめるのだが、それを受けて相互主体的な確証性の一般構造についての陳述にいたるのである。

ここでサルトルは自分が扱っている問題を、まずレトリックを用いて問うことで適切に扱っている。つまり、私が結局のところは錯覚にとらわれていて、二人称の人物が実はまったく存在していないというのであるなら、鍵孔を前にして突然私が別の人物に観察されていると感じるという状況には、一体どのような変化が実質的に起きるのだろうか。サルトルはこのように問うことによって、ここで私たちが二つのまったく異なった知の形式と関わっていることを明らかにしようとしている。すなわち、まなざしを向けられている感覚は、聞こえてきた足音が現実の人物を指示しているという予測とはまったく別の部類の意識現象に含まれている。最初の部類が、確実に私たち自身の様子と精神状態について知ることができるものすべてを含んでいるのに対し、他方で第二の部類に含まれると見なされるのは、私たちが単なる蓋然性のレベルでのみ外的世界の出来事について持っているすべての考え方と知識である。[17] この区別は、簡単に見て取ることができるように、サルトルが一方で「感覚」ないしは「経験」、他方で「認識」のあいだで行っていた区別と同一である。そして「承認」は、同様にすでに明確になっているように、一種の告白のように、内面状態の自己確実性を伴ってなにかを知らせることのように見える。

サルトルがここから試みるラジカルな歩みの重要な意味は、実際に他の人物がそこに居合わせていることに左右されないがゆえに、思い違いを免れることができる、そうした感覚としてまなざしを向けられることをとらえようという提案にある。すなわち、他の人物が居ない場合ですら、その人に観察されていると私たちが感じることは、私たちの感情的な(affektiv)自己関係の構造に含まれているのである。それゆえ、まなざしを向けられることは空間時間的な出来事ではなく、私の私自身との関係のための構成条件なのである。「要するに、生きているあらゆる人間との関連において、あらゆる人間の現実性は本源的にそこに居合わせていることを背景として、居合わせているかいないかなのである。そしてそこに本源的に居合わせていることはただまなざしを向けられている存在、あるいはまなざしを向けている存在としてのみ、すなわち、他者が私にとって客体であるのか、あるいは私自身が他者にとっての客体であるのかどうかにしたがって、意味を持つのである。対他存在は私の人間的現実性の絶え間ない事実であり、私はそれを、自分自身について私がほんのわずかに考えるときでも事実的な必然性と共にとらえるのである」(501f.=II–161)。この引用において他者の「本源的に居合わせていること」と呼ばれているものを、サルトルは数ページあとで、ハイデガーの「ひと(das Man)」の概念を用いることで有意味に理解できるもののすべてだと表現している。そして非常にうまく言い表されているように、「ひと」の概念でとらえられうるものの総体とサルトルが考えていることは、ハイデガーにおいてとはまったく異なり、人間の現存在の非本来的状態を指すのではないのである。そうではなく、サルトルが示すのは、私たちが自分自身に関与するのは常に匿名の他者の集まりというパースペクティヴからでしかないという事実である。「数字化に先立ち具体的である現実性のために用いることのほうが、『ひと』という表現は、人間的現実性の非本来的な状態を表すよりも当を得ている。私がまたどこに存在しようとも必ず、誰かが私にまなざしを向ける。客体としてとらえられると、その瞬間にひとは消え去ってしまうのである」(505=II-167)。このように最後に言うことで他者存在の問題の解決が試みられるのだが、そうすることでサルトルは最終的にやはり再びG・H・ミードが自分自身の相互主体性理論で支持している立場に近づいているように見える。自分の構想を発展させる際に、個体発生的に次のことの説明を試みるミードが踏んでいた手順は、たしかに一貫して社会化理論的なものである。そこで彼が明らかにしようとしたのは、個々の主体において自己関係を築くための能力が、さらにますます一般化されてゆく他者のパースペクティヴを取るという道筋で次第に、どのようにして生じてくるのかということである。しかし、ここで最も重要なテーゼ、つまり仮説によると、個々人はいわば匿名となった他者の視角からのみ自分自身を再帰的に判断することができるのであるが、このことについては、これらの二人の著者たちは、なんといっても特筆に値するほど一致しているように見えるのである。この印象はそれどころか、内面化された他者のまなざしが次第に匿名となってゆく、そのメカニズムをサルトルが明らかにしようとしはじめる際にはさらに強いものとなる。ここで言語が突然、ミードにおいてとまったく同じように、普遍化された媒体として登場する。この媒体が最も抽象的なかたちで示すのは、想像しうるもっとも広い、他の主体からなる集まりが私の行為振る舞いに対して述べる、すべての反応である(476=II-120; 652ff.=II-389ff.)。しかし、こうした一致は、一見して驚くほどでもあるせいだろうか、その反面で二人のアプローチのあいだにさらに深いレベルでまだ残り続けている決定的な差異については、まるでないかのような錯覚を引き起してしまう。つまり、一方でミードにとってはパースペクティヴを取るというメカニズムが自分自身をますます思い通りに扱うための生産的手段を示しているのに対して、他方でサルトルはこのメカニズムに、彼自身の実存論的存在論の仮説に基づいて、主体たちの自由の制限という条件を見出しているに違いない。この決定的な相違こそが、いまや以降で示されるように、自らのアプローチを完成させていくなかでサルトルがミードとは異なり、コンフリクト理論の道を歩まなければならない理由となっているのである。

Ⅲ

「まなざし」についての章でサルトルはこれまで彼の相互主体性概念の基本的特徴を展開し、ミードと類似したかたちでパースペクティヴ取得のメカニズムにおいて、人間の主観性の構成的事実を視野に入れなければならない地点にたどりついた。それゆえ彼にとってもまた、次のことはまったく疑いえない。つまり、人間がある種の再帰的な自己関係を結ぶことができるのは、ただその人が自分自身の行為遂行を、場合によってはやはり匿名になっている他者の視角からも観察することができるがゆえなのである。しかしサルトルはこの他者の内的な現れ（Präsenz）を認識的態度にすでにあるのではなく、「自己反応的（selbstreaktiv）」感覚にまず宿っていると見たのである。そして、この感覚を抱くことで、私たちは自分自身に対して感情的に態度を取るというわけである。サルトルは彼の実存論的存在論の概念である「客体」に基づいて、パースペクティヴを取るという契機に対し、否定的なものへと、ある劇的な転回を行わなければならなかった。このことが示されたところではじめて、やはり、ミードがサルトルとはまったく異なっている点が明らかになる。つまり、ミードはこのパースペクティヴ取得という契機に十分な理由をもって、個々人の行為遂行における次のような局面を視野に収めることができたのである。この局面において主体は、その相互行為の相手のパースペクティヴから自らを「ミー（Me）」として知覚し、それに応じて相手の表現の意味を時間的に遅れて意識するのである。それに対してサルトルは同じ現象を、自分自身の客体としての性質を承認する瞬間として記述するに違いないのであるが、この性質は自由の経験とはまったく対極にある。サルトルはそれゆえその相互主体性理論において、ミードがまったく控えめで道徳的に中立な語彙を用いるところで、価値評価的にきわめて際立った概念性を用いている。そしてそのような概念性を用いるために彼は「疎外」や、「物象化」と語っているのである。つまり、自己関係的な感情が起こる際に、他者のパースペクティヴから自らを判断する主体について、いつも必ず次のようにサルトルは語るのである。彼によると主体は否応なく自らの客体としての性質を承認するがゆえに、自分自身を、自らのさまざまな可能性から疎外されていると感じ、また、自らを単なる「モノ」のように経験するに違いないのである。

　サルトルにおいてここからさらに述べられるすべてのことに照らせばこのポイントは極めて重要であり、そのことに比べれば、このポイントの意味が明らかになるほど十分に論じられていないことなどはたいしたことではない。意識哲学的分析レベルから規範的分析レベルへ、「客体」から「物象化」へという、密かに行われる移行は、この文脈では、サルトルが予めすでに「客体」概念に、価値評価をする観点からは切り離されない、実存論的存在論の意味の層があることを認めているという事情から生じてくるのである。ここでまず出発点となっているのは、存在論的に構想された次の考え方である。この考え方によると、「客体」においてはただ単に、主体が認識における態度で関わってゆく事態がすべて問題であるというのではない。そこでは、超越と自由が共に不在であるという特徴を持つ、質的に顕著な存在状態が問われているのである。それゆえサルトルにおいて「客体」として表現されるものはみな、最初からある種の欠如によって特徴づけられている存在論的実体を示すものとなっている。つまり、この実体は「対自存在」の存在様式、言い換えれば主体性の存在様式を規定している特性が、すべて差し引かれた状態を表しているのである。しかしここからサルトルにおいては、「客観主義的」存在論のこれらのカテゴリーが第二のステップで現存在の現象学というやり方で再び解釈し直され、最終的にはそもそも存在状態を指示するものとして、人間の実存的生の遂行のパースペクティヴから自ずと明らかになるように、理解されなければならない[18]。それと共に、さしあたりよりわずかな超越しか持たない存在の状態であるものにはすべて、存在様態のある意味が付け加わってくる。つまり、主体に独自な現存在の遂行様態、そして自由の経験とは相容れないがゆえに、主体が自分のパースペクティヴから見ても主観的に欠如として体験するに違いない、そうした存在様態という意味である。この箇所において「客体」という存在論的概念は、諸々の規範的カテゴリーの多様性の全体のなかで、見えなくなっている。

これらの規範的カテゴリーは、主体が自分の存在状態が変わるときに否応なく特定の経験を必ず行うようにするという。つまり、現存在分析において同様に無頓着に、たとえば共同存在の「肯定的な」様態と「否定的な」様態というように語っていたハイデガーとまったく同じように[19]、そのような規範的表現は、しかし、価値判断の帰結ではなく、記述的分析の内在的構成要素として現れてくるのである。こうした理由から、サルトルのテキストにおいて「客体」の概念的レベルから「物象化」と「疎外」という語彙への移行も、彼自身によってはけっして方法的破綻ではなく、カテゴリー的な精緻化として理解される。そして、サルトルによるとこの精緻化によって主体の現存在遂行の質はより正確に規定されるというのである。客体概念の、このように暗に規範的な用い方に対して向けられてくる疑いはすべて、それゆえ、まなざしを向けられることを「物象化」として現象学的に記述することが実際に事態を正しくとらえているのかどうかという点に集中するに違いない。すなわち、そうした分析の自明性に対して、根拠のある異論が寄せられうるとすれば、さまざまな可能性の永続的な超越としての個々人の自由という前提は全体として社会存在論的に見ると誤解を招きやすいのではないのか、ということがさらに問われることになるだろう[20]。

この概念的な説明を背景にすると、ここでサルトルが相互主体性分析において進める次のステップが、全体としてより分かりやすくなるだろう。パースペクティヴを取ることによって「対他存在」の状態にある主体について今しがた示されたのは、「疎外」と「物象化」という経験は偶然ではなく、必然的になされるということである。すなわち主体には、そうサルトルが想定していると思われるように、自分自身から存在のありとあらゆる可能性を奪われ、そして同時に自分はただ物象化されただけの一つの現象におとしめられていると見るより他はないのである。いずれの主体にとっても実存的にその自由が、さまざまな可能性の超越が、重要であることがさらにここで前提されるなら、事象の継続としてほとんど自明なように生じてくるのは、活動方向のある種の転換である。そしてこの転換を通じて反応的に、失われてしまった存在状態が呼び戻されるというのである。つまり、他者のまなざしにおいて自分自身を「客体」として分かっている主体は、自分なりにそのあらゆる可能性を超越する自由にあらためて到達するために、この他者を自分自身の判断するまなざしの「客体」にしようと試みるに違いないだろう。サルトルは、転換の運動の説明をはじめるところで（513ff.=II–179ff.）、いまや他者から私にではなく、「私から他者へと動く」（514=II–180）「第二の否定」と言っている。つまり、そうした第二の否定に付随するある種の意識の転換を、彼は後に述べるように再び、すでに「最初の否定」にとって特別に扱われる重要な体験であった「羞恥」の例に重点をおいて描くのである。

たしかにサルトルが分析を開始する際に行うのは、自己関係的な承認の構造にもう一度関わってくる思考をさらに際立たせることである。そして、この承認の構造の本質をなしていたのは、まなざしを向けられる経験の契機である。すぐに思い浮かぶような誤った解釈を防ぐかのように、サルトルは次のことを明らかにする。彼の説明によると、まなざしを向けられた主体の羞恥は、それがまず第一に道徳的な負い目を感情的に認めていることとして解釈されるならば、誤解されていることになる。この感情反応についてむしろ重要であると思われているに違いないことは、自分自身の誤った振る舞いの承認ではなく、自分が単なる対象にすぎないものに変わってしまうことの承認である。それと対応して、「羞恥」は、道徳的ではなく、実存的な感情反応として理解されるという。そしてこの感情反応においては、自己関係的に自分自身の人格の客体としての性質が承認されていることが表れている。「純粋な羞恥とは、なんらかの非難に値する対象であるという感情ではなく、概して一つの客体であるという感情である。すなわち、純粋な羞恥は、他者にとって私がそうである、この弱められ、依存し、硬直した客体のうちに、私自身を再認識するという感情なのである[21]（516=II-184）」。サルトルが自己関係的な承認の実存的性格をもう一度強く際立たせるために持ちだす決定的な理由は、ここでは本質的に「第二の否定」への移行を説明することと関連している。つまり、このように立ち戻ることを彼はいわば、何度もテキストで言及するように（514ff.=II-180f.）、単なる客体でしかないことへの感情的な同意が引き起こす、反応的感情によって「動機づけられた」ものと見ている。他者が自分から自分自身の「まなざし」の客体になる動機は、けっして道徳的罪の感情からではなく、実存的に主体の立場を取り戻したいという、情緒的（emotional）な色合いの願望から生じてくるのである。「羞恥に対する反応の本質は、私自身の客体性を把握していた相手の人を、客体として把握することにまさにあるのである。そこから他者は客体として私の前に現れ、その主体性は観察された客体の単なる特徴となる。他者の主体性は弱められ、『私からは根本的に奪われている客体的な特徴全体』として定義される」のである。客体－他者は、この空の箱が『内面』をもつのと同様に、ある一つの主体性を『持つ』のである」（517=II-184ff.）。

サルトルがこの文章で客体化された主体のコンフリクトを誘発する反作用を説明するやり方には、すでに次のことがはっきりと読みとれる。つまり、ここでもまた重要であるのは、単に偶発的な出来事ではない。まなざしの方向を変えることで、前もって物へと硬直してしまった主体は「強められた自己性(Selbstheit)」(518=II-186)へと戻ってゆき、この方向転換はパースペクティヴの取得という現象とまったく同様に、人間の相互主体性の構造に含まれている、ある事実を示すのである。表層的な部分を見るなら、もちろんサルトルがここで主体に再び、具体的で身体を持つ他者を対峙させているように見えることは私たちを困惑させる。しかし、やはりサルトルは他方で、まなざしを向けられることを拡張して描写する場合には、この他者を匿名なものにしてしまっているのだ。というのも、この他者として理解されえているものは、最終的にはただ単に、ある種の内面化された観察者でしかないのである。ここでほのめかされている困難を避けるためにサルトルは、自分の概念をきわめて複雑化するような議論を展開する。この議論は、『存在と時間』においてハイデガーが行った有名な区別にしたがっている。すなわち、ここで当事者の主体はパースペクティヴの取得を経て内面化された「ひと」をなお残し続けるのかどうか、持続し続けるのかどうか、それとも再び個人化するのかどうかという問いを手がかりに、サルトルは客体－羞恥という経験に反応する、「本物ではない」あり方と「本物である」あり方という区別を提案するのである。この思考の展開を詳細に見ていくことはできないが、ここではその核となる部分を、それとすでに素描されていた問題への一つの答えがどのように結びついているのかが明らかになる程度にだけ描き出してみよう。「まなざしを向けられる」という現象について私たちが見てきたように、この現象は具体的な相互行為という意味において解釈されなければならないのではなく、自己反応的感情の構造を示唆するものととらえられうる。それに応じるかたちでサルトルはハイデガーの「ひと」を、当事者である主体がそのような感情を体験する場合に、それらの人びとから観察されていることを知っている、匿名の他者からなる集まりを示す表現として用いるように提案した。そこから生じてくる物象化にどうしても付随するという「基底的羞恥」(519=II-187)への反応に、ここでサルトルは客体化された主体の二つの可能性を予見しているのである。そしてこの二つの可能性は、「ひと」というものが個別的にどのように扱われているのかについての判断によって別れてくる。つまり主体の意識そのものに「ひと」が保持されたままであるなら、主体がとりうる反応のあり方は、体験された羞恥に対して、ただ「本物ではない」あり方だけである。その理由は、そのような「ひと」の「絶対的統一」(518=II-186)は、羞恥への反応としては、キリスト教的伝統の「神」がそうであるのと同様に、ある一つの対象にはなりえないのである(518=II-186f.)。「絶対的主体」へのそうした従属の結果、生じてくるのは「高慢」や「うぬぼれ」という振る舞いのあり方である。これらの振る舞い方に自分自身の自己は、ただ匿名の他者からの期待という鏡の形式でだけ再びとらえられる(520=II-188)。この「本物ではない」反応の形式と羞恥に対して「本物である」応対の仕方が異なるのは、後者において抽象的となった「ひと」が、具体的である相互行為のパートナーだけにそのつどまなざしを反対に向けることによって、あとから再び「他者の複数性」(518=II-186)へとばらばらになってしまうからである。というのも、一般化された他者、ミードにならってそのように言うことのできる他者は、そこではまだ「具体的な他者」でしかないものを客体化することで、あらためて「対自存在」として自己自身を経験できるように、個々人によって自分自身で解消されていなければならない。サルトルはそれゆえ、彼自身が語るように、「対自存在」の諸々の緊張に個人が耐える際に決定的な役割を果たしうるものとして、二つの「本物の態度」（519=II-188）だけを認めている。そこではまず羞恥が経験され、そのことを通じて自ずと同時に他者は主体として、そして自分自身の自己自身は客体として承認される。そして終わりには、「客体-他者に対して私の自由の主張」（519=II-188）が実際に行われる、そうした「うぬぼれ」が経験されるのである。いかなる反論を持ちだしてサルトルがまずハイデガーの概念である「ひと」と対決したのか（505=II-167）を思い起こすと、この解決の方法はもちろん驚くべきである。その理由は、『存在と時間』とまったく同じように、ここではなんといっても突如として再び、自分自身の振る舞いにおいて自分を一般化された諸々の規範にしたがわせるという、そうした単なる事実にすぎないものが、「本物ではない」存在様式を示すために十分な典型例として持ちだされるからである。

これらの規定は、実存存在論的な概念性に規範的な意味合いを持たせる傾向を、より強く露わにしている。しかし、どのように言い表わされたとしても、やはりそれらは総じて、サルトルが彼自身の相互主体性の構想を完成させる枠組みをなしている。相互主体的な領野全体についての彼の考え方を把握するためには、あるコンフリクトを模写するだけでいいので、その際に彼が取る方向を見てとることは難しいことではない。つまり、私たちが「対自存在」の圏域を一種の社会的に拡張された領域と考え、またその領域の内部では多数の主体が互いに絶えず、「まなざしを向けられる」という喪失経験を、具体的な他者の客体化を通じて克服しようとすると想定するなら、その場合に私たちはある恒常的なコンフリクトのイメージを思い浮かべており、ここにサルトルは社会において相互主体的な生の遂行形式を描き出している。相互主体性とは、持続的で実存的なコンフリクトをはらんだ状況という存在論的圏域であり、そこではいずれの主体も、他者に対して自分の個体的なさまざまな自由の可能性を取り戻すために戦うのである。「意識のあいだの相互の関係の本質はけっして共同存在ではなく、コンフリクトなのである」(747=II-530)。この全体をまとめる考え方は、サルトルが「まなざし」についての章の一二〇ページあと(720ff.=II-488ff.)で「われわれ」-経験の概念のもとで取り組んでいる集団形成の諸形式においてもまた変わるところがない。というのも、そうした形式の具体的な「共同存在」は、「労働集団」(730=II-504ff.)と同じように地下鉄の駅の通路を歩く匿名の「人の流れ」(738=II-517)が具体的な例を示しているが、それは「客体-われわれ」、「主体-われわれ」という二つの類型に再び分けられるのである。これら二つの類型は、けっして個人の実存的なコンフリクトの経験を克服できるものではない。すなわち、第一のケース、つまり「客体-われわれ」の場合に私たちが関わり合うのは、「対他という根源的な経験をただ充実させる」ということにすぎず、それは、当事者としての主体たちはいずれも、ある集団のメンバーとしての中立的第三者というパースペクティヴからのみ知り合うからである。また第二のケースである「主体-われわれ」の場合では、サルトルにしたがうならただ「心理学的な」経験だけが問題となるのである。つまり、そこでは、他者がすでに自由を脅かす主体性としてコンフリクトをはらんで経験されることを、共通のパースペクティヴを実際に形成するなかで常に前提している、そうした存在論的な経験が重要なのではないのである(744=II-526ff.)。それゆえ、ある集団の連帯を生み出すような人びとの集まりのなかに逃げ込むという、個々の傾向がどれほど強いにしても、こうした人びとの集まりは、次のような実存的な挑戦を免れることができないだろう。そこで個々人は、他者を客体化することによって、「対自存在」として、つまりは自由な主体性として自らを主張しなければならないのか、それとも他者によって客体化されるなかで、自らを「即自存在」として、つまりは物象化された客体として経験しなければならないのかという、そのような挑戦にどうしても出くわすのである。

この徹底的で、確固たるネガティヴィズムこそが、サルトルの相互主体性分析を今日にいたるまで、「他者存在」問題の解決の多数の試みとははっきりと区別しているものである。そして、古典的となっている哲学のすべての構想においてそうであるように、そこにもまた、人間がその生を営むなかで向き合う実存的経験の基層がしっかりと据えられている。サルトルの方法がたしかに私たちに抱かせる特殊な困難は、解決の道筋と結論、すなわち「他者存在」問題の現象学的解明とネガティヴズムの帰結とが完全に切り離せないことである。相互主体的承認の先行性についての魅力ある分析は認識パラダイムへの説得力ある反駁の帰結であるが、概念的には物象化と自由の剥奪の経験の証明とあまりにも緊密に結びついているので、一方を、後からではあれ、他方から分析的に切り離すことができないのである。それゆえ、今日、もう一度サルトルにならって、哲学における「認識」の優勢への彼の批判を引き継ごうとするならば、そうした試みはすべて、彼の偉大な論考にある、すでに述べた二つの次元がこのように噛み合っている、その箇所を新たに検証の遡上に載せなければならない。すなわち、主体たちが否応なく自分たちの生の実践において行っているに違いない、そうした経験のための現存在現象学の表現へと存在論的な基本概念が翻訳される、その場所を再検討しないといけないのである。

原注

（1） Jean-Paul Sartre, *Das Sein und das Nichts*, Reinbek b. Hamburg 1993.〔『存在と無（Ⅰ・Ⅱ・Ⅲ）』松浪信三郎訳、ちくま学芸文庫、二〇〇七年〕きわめて膨大な二次文献の中から、私は特に以下の論考を頼りにした。Michael Theunissen, *Der Andere, Studien zur Sozialonthologie der Gegenwart*, Berlin/New York 1977, VI. Kapitel; Alfred Schütz, »Sartres Theorie des Alter Ego«, in: ders., *Gesammelte Aufsätze*, Bd. 1, Den Haag 1971, S. 207–234; Maurice Natanson, »The Problem of Others in ›Being and Nothingness‹«, in: Paul A. Schipp (Hg.), *The Philosophy of Jean-Paul Sartre*, La Salle, Ill. 1981, S. 326–344. さらに以下の書籍はきわめて有益である。William Ralph Schroeder, *Sartre and his Predecessors. The Self and the Other*, London 1984; Gary Gutting, *French Philosophy in the Twentieth Century*, Cambridge 2001, Ch. 5. 分析的な解明の試みという水準に照らすと、『ケンブリッジ・コンパニオン』シリーズの論集はどちらかと言えば期待はずれである。Christina Howells (Hg.), *The Cambridge Companion to Sartre*, Cambridge, UK 1992.

（2） Thomas Nagel, »Wie fühlt es sich an, eine Fledermaus zu sein?«, in: ders., *Letzte Fragen*, Bodenheim/Mainz 1996, S. 229–250.〔「コウモリであるとはどのようなことか」、『コウモリであるとはどのようなことか』永井均訳、勁草書房、一九八九年、二五八〜二八二頁〕

（3） この問題を現象学的に明らかにするものとして、次の書籍を参照。Michael Theunissen, *Der Andere. Studien zur Sozialontologie der Gegenwart*, a.a.O.; Dermot Moran, *Introduction to Phenomenology*, London/New York 2000. アングロサクソン系の伝統における「他者の心」というテーマの歴史については、次の著作を参照。Anita Avramides, *Other Mind*, London and New York 2001.

(4) 背景として次の著作を参照。Ernst Tugendhat, *Selbstbewußtsein und Selbstbestimmung. Sprachanalytische Interpretationen*, Frankfurt a.M. 1979, S. 245ff.; Jürgen Habermas, »Individualisierung durch Vergesellschaftung. Zu Georg Herbert Meads Theorie des Subjektivierung«, in: ders., *Nachmetaphysisches Denken*, Frankfurt a.M. 1988, S. 187–241.〔「社会化による個性化――ジョージ・ハーバード・ミードの主体性理論」、『ポスト形而上学の思想』藤澤賢一郎、忽那敬三訳、未來社、一九九〇年、二三〇―二九八頁〕; Robert R. Williams, *Recognition. Fichte und Hegel on the Other*, Albany, N. Y. 1992.

(5) Vgl. Axel Honneth, »Die transzendentale Notwendigkeit von Intersubjektivität«, in: Jean-Christoph Merle (Hg.), *Johann Gottlieb Fichte, Grundlagen des Naturrechts* (»Klassiker Auslegen«), Berlin 2001, S. 63–80.

(6) Vgl. Gabriele Taylor, *Pride, Shame and Guilt. Emotions of Self-Assesment*, Oxford 1985, Kap. III.

(7) このモティーフについてはこれまで、サルトルの相互主体性理論との対決において、全体的に見ても注意が向けられることはあまりにもわずかである。サルトルにとってこのモティーフがどれほど本質的であるのかは、彼が、自分自身が批判する諸理論にいつも常に「認識」モデルへの固執について非難することにも示されている。それゆえに、「認識」に対する「承認」の社会存在論的な優位を証明するという試みは、サルトルの「まなざし」の章において導きの糸となっているのである。

(8) John Dewey, *Erfahrung und Natur*, Frankfurt a.M. 1995, S. 37.〔『経験と自然』河村望訳、人間の科学社、一九九七年、四〇頁〕

(9) フッサールの相互主体性論に対する批判においてサルトルがどの程度まで正しいのかについては、次のミヒャエル・トイニッセンの注釈を参照。Michael Theunissen, *Der Andere. Studien zur Sozialontologie der Gegenwart*, a.a.O., S. 198 ff. またフレデリック・A・エリストンの次の論考も参照。Frederick A. Elliston, »Sartre and Husserl on Interpersonal Relationship«, in: Hugh J. Silverman und Frederick A. Elliston (Hg.), *Jean-Paul Sartre. Contemporary Approaches for his Philisophy*, Pittsburgh 1980, S. 157–167.

(10) 『存在と無』におけるヘーゲルへの言及については次の論考を参照。Joachim Kopper, »Sartres Verständnis der Lehre Hegels von der Gemeinschaft«, in: Kant-Studien, LII (1960/61), S. 159–172; Robert E. Williams, *Recognition, Fichte*

and Hegel on the Other, a. a. O., Ch. 12, S. 290 ff.

（11） Vgl. Terry Pinkard, *Hegel's Phenomenology. The Sociability of Reason*, Cambridge, UK 1996, Ch. 3.

（12） Martin Heidegger, *Sein und Zeit*, Tübingen 1967, §26.〔『存在と時間』高田珠樹訳、作品社、二〇一三年、第二六節〕

（13） Martin Heidegger, *Sein und Zeit*, a. a. O., S. 120.〔邦訳は一三〇頁以降〕

（14） このことに関しては次の論文を参照。Vgl. Hans Bernhard Schmid, »Gemeinsames Dasein und die Uneigentlichkeit von Individualität. Elemente einer nicht-individualistischen Interpretation des Daseins«, in: *Deutsche Zeitschrift für Philosophie*, 5/2001, S. 665–684.

（15） George Herbert Mead, »Die Definition des Psychischen（1903）«, in: ders., *Gesammelte Aufsätze*, Bd. 1, hrsg. v. Hans Jonas, Frankfurt/M 1980, S. 83–148, hier: S. 137; サルトルと、以降でさらに重要な役割を果すことになるG・H・ミードの比較のためには次を参照。Mitchel Aboulafia, *The Mediating Self: Mead, Sartre und Self-Determination*, New Haven and London 1986.

（16） この概念については次の著作を参照。P. F. Strawson, »Freedom and Resentment«, in: ders.,（Hg.）, *Studies in the Philosophy of Thought and Action*, Oxford 1968, S. 71–96.〔「行為と怒り」、『自由と行為の哲学』門脇俊介、野矢茂樹編・監修、春秋社、二〇一〇年、三一一八〇頁〕

（17） いわゆる、一人称の不可謬性（Irrumsimmunität）の問題については次の書籍を参照。Thomas Spizley, *Facetten des »Ich«*, Paderborn 2000, Kap. 8.

（18） この再解釈をミヒャエル・トイニッセンはハイデガーの現存在分析による「超越論哲学のアプローチの転換」と言い表している（Vgl. Michael Theunissen, *Der Andere*, a. a. O., S. 200 ff.）。超越論哲学の存在論から現存在現象学へのこうした転換は、ガーリー・ガッティングによって非常に素晴らしく描かれている（G. Gutting, *French Philosophy in the Twentieth Century*, a. a. O., S. 131ff.）。

（19） たとえば次を参照。Martin Heidegger, *Sein und Zeit*, a. a. O., S. 122f.

（20） そうした問題設定の方向を目指しているのはチャールズ・テイラーである。Charles Taylor, »Was ist menschliches Handeln«, in: ders., *Negative Freiheit? Zur Kritik der neuzeitlichen Individualismus*, Frankfurt a. M. 1988, S. 9–51; Arthur C. Danto, *Jean-Paul Sartre*, Göttingen 1986, S. 122ff.; Axel Honneth, »Kampf um Anerkennung. Zu Sartres Theorie der Intersubjektivität«, in: Traugott König (Hg.), *Sartre. Ein Kongreß*, Reinbek bei Hamburg, 1988, S. 73–83.

（21） そのことについては次の著作においてきわめて明確である。Arthur C. Danto, *Jean-Paul Sartre*, a. a. O., S. 122 f.

第五章　解釈学とヘーゲリアニズムのあいだ
——ジョン・マクダウェルと道徳的実在論の挑戦*

この二十年間のあいだにジョン・マクダウェルは、彼自身が「道徳的実在論」という綱領的名称を提案する道徳哲学上の立場を基礎づけようと試み、感嘆に値する帰結を提示してきた。この「道徳的実在論」という表現が通常用いられるのはむしろ、私たちの知覚、信念、制度化された習慣行動（Praktik）にまったく左右されずに道徳的価値が、世界の客観的要素として扱われるという、そうしたアプローチに対してである(1)。しかし、たとえそうだとしてもマクダウェルは、まったく異なった出発点にある前提に立とうとする。つまり、彼によれば道徳的現実は私たちに対して完全な客観性を保ちながら、第一に規則に導かれた行為様態との関連から現れ出てくるというのである。そしてこの行為様態は第一の自然の社会化と形成〔陶冶〕(Bildung) の結果として生じたものであるゆえに、人間の「第二の自然」と解釈しうるのである。(2) この「第二の自然」という考え方には、アリストテレス、ヘーゲル、ヴィトゲンシュタイン、そしてガダマーの努力が流れ込んでいて、それらを解きほぐすことは難しい。そしてこの考え方は、非常に精緻な道徳的現象学に支えられている。この現象学は、私たちはどのようにして道徳的事実を、色彩やそれ以外の第二次性質とまったく同じように直接的に知覚できるのかを示そうとする。人格の道徳的性格であれ、行為の道徳的性質であれ、それらの場合に問題とされるのは常に、リアリティにあると見なされる諸々の現象ではなく、私たちの日常的な習慣行動の枠において直接経験される現象である。(3) 私たちが第二の自然に基づいて世界の質的な状態を感じ取ることを可能にしてくれるのは、マクダウェルが言わんとすることにしたがうなら、感知された経験 (empirische Erfahrung)、すなわち私たちの感性的受容性 (sinnliche Rezeptivität) に他ならない。それゆえに最終的な帰結で道徳的実在論のこのバージョンは、次の表象にたどり着くのである。つまり、この表象によると、私たちの道徳的信念と判断に映し出されているのは、人間の精神による相互主体的な努力ではなくて、現実それ自体からの要請そのものなのである。

ここでそのように解釈したとしても、第一印象から感じられるほどには的はずれでないに違いない。その理由はやはり、おそらくはこの考え方が次のことを主張しているにすぎないからである。つまり、人間は生活形式と日常的な習慣的行動を展開していく際に、すなわち「第二の自然」を形成してゆくなかで、絶えず第一の自然から受けるさまざまな強制にも配慮しなければならないのである。私たちの習慣行動の規範的規則には、極端な言い方をすると、そこでは私たちから独立して存在する世界が、表れているのだという。というのも世界は、私たちが相互主体的な行為において必ず配慮しなければならない、人間の欲求、傷つきやすさ、性向（Disposition）に浸透しているからである。それに対して、マクダウェルの立場が持っているそもそもの困難は、現在、同様に「弱い自然主義」という考え方を出発点としている道徳哲学の構想と比較すると姿を現してくる。たとえば、ユルゲン・ハーバーマスは、私たちの道徳をめぐる議論や論争を、科学主義的ではないかたちで学習過程の一部としてとらえようと試みている。彼によると、この学習過程を通じて自然における進化の過程は、文化のレベルで継続されるのである。この試みによってハーバーマスもまた、近年、彼の討議倫理学に、より強い実在論的な転換を試みた。ここでも人間の「第二の自然」という理念は、「実在論」的な表象と、すなわち、集合的な学習過程の結果である習得した日常的な習慣行動を正常に行うときに、私たちは道徳的諸事実を知覚することができるという「実在論」的な表象と、結びつけられる。[4] それにくわえてさらに、ハーバーマスが「弱い自然主義」を導入することと関連して「自然史の解釈学」の必然性に言及することを考えてみれば、二つのアプローチの理論的基礎にある一致点は、おそらくは両者が今日意識していると思われるよりもずっと多いことだろう。しかしマクダウェルとは著しく異なって、ここでハーバーマスは、あくまでも道徳的な行為の確実性が揺らぐ状況の特徴を、次のように正当化実践を行わねばならない点に見ている。つまり、こうした正当化の実践は、相互主体的に立てられた妥当請求の普遍化可能性を吟味できるためには、生活世界的に中心化した知覚の判断を頼りにすることがもはやできず、この知覚の判断をいわば括弧に入れなければならない。それゆえ、行為から切り離されている、そうした討議の反省的地平において、共に想定され、価値評価的に意味の地平を切り開かれている世界は、「すべての関連する利害関心を均しく考慮する」[5]という意味を保持する、不偏不党性（Unparteilichkeit）という規範的理念に取って代わられているのである。

この規範的理念には、私たちが日常世界について抱いている確実性を問題に応じて、一時的に保留するという表象が結びついている。まさにこの表象によって、逆にマクダウェルにはいまや次のような問いが返されることになる。つまり、マクダウェルはいかに道徳的実在論という彼のアプローチにおいて、道徳的規範を批判的に吟味し検討することが可能だとするのであろうか？　たしかに彼によってもまた、道徳的事実からなる経験可能な世界を合理的に遡及して問わねばならないことが常に強調されている。しかし、一見してあまり明らかではないのは、どのように彼の構想のなかでは、道徳的知覚（Wahrnehmung）と正当化が互いに関わり合って作用していると考えられるのかである。私が以下の論稿において解明したいのは、マクダウェルの理論の内部には、伝統の生起という解釈学的理念と、人間精神の方向づけられた形成〔陶冶〕（Bildung）というヘーゲル的理念とがなんの説明もなく並存しているという、いまだに解決されていない緊張があるのではないかという推測である。一方でマクダウェルは私たちの道徳的知覚能力の構成（Formung）を匿名的な伝承の生起のモデルにしたがって構想するので、そこに規範的〔妥当〕請求を知覚から切り離して検証する余地は残らなくなる。しかし他方で彼は、合理的に媒介された学習過程をほのめかしてもいるのである。この学習過程は、日常世界の確実性が少なくとも一時的に中断することなしには、首尾一貫して解釈することができないものである。私は次のように議論を進めたい。第一のステップにおいて私はまず、マクダウェルにおいて人間の「第二の自然」という理念が根づいている、エピステモロジーに関わる諸前提を明らかにしたい。このように回り道をすることで、マクダウェルにおいて認識論的理念と道徳的実在論のあいだに存在している緊密な関連を最初から確実に考慮に入れておくことができるはずである（I）。このようにすれば第二のステップではじめて、マクダウェルがいかにして次のような道徳哲学的表象を根拠づけているのかを、より詳しくとらえることができるはずである。つまり、この道徳哲学的表象にしたがうなら、私たちは規範的な諸連関において決まっていつも、道徳的事実からなる遠近法的に開かれた世界の内部で動いているという。ここで重要なのは、道徳的知覚能力という理念を裏づける考察を、できるだけ正確に再構成することであろう（II）。三番目のステップで私は最後に、マクダウェルがどのようにして合理的正当化の過程を彼のアプローチに取り込もうと試みているのか、という問いを究明してみたい。ここでは道徳的な不一致の克服という手続きを彼が提示する際に現れる、やっかいな帰結が指摘されるはずである。これらの帰結は、マクダウェルにとってはまだ解決されていない、彼の構想にある緊張から生じてくるのである（III）。

I

ジョン・マクダウェルの著書である『心と世界』は、彼の道徳哲学的立場をエピステモロジーに照らして基礎づけているが、そこで彼は非－科学主義の前提のもとで、経験主義を復権させるという試みを引き受けている(6)。つまり、全体的に見るとそこで展開される議論は、人間はその知覚能力において、世界そのものから人間に対して立てられる諸要請のための何らかの受け入れ準備ができているという表象にたどり着くのである(7)。セラーズによる「所与の神話」への有名な攻撃の以降、分析哲学のメインストリームでは認識論的に後退した立場が生じてきているが、こうした立場に甘んずることはまったくできないという診断が、マクダウェルの複雑な思考の展開にとって出発点をなしている(8)。私たちに世界が経験において直接的に与えられているのではなく、これらの経験のほうに常にいつでも理論が浸透していることが一度見破られてしまってからは、直ちにそこから「整合説」という結論が導き出されてしまっているのである。この「整合説」にしたがうなら、私たちの言明の真理が決定されるのはもはや、言明のあいだの内的な適合関係に照らしてのみでしかない。マクダウェルの著作においてはドナルド・デイヴィドソンの著作が代表的なものとして、そうした整合説の立場を表現している。しかしこの立場によって、カントにおいて彼に同時代の科学主義に対する畏敬の念があるからこそすでになんとか一応のところは統一として繋ぎ合わさっていたものは、マクダウェルからすれば最終的に引き裂かれてしまっているのである。いまや「世界」は一方で因果的依存関係の自然法則の空間として構想され、他方でそれに対し「心」で私たちは、合理的根拠という基準にのみしたがい、現実に左右されることなく運動すると考えられている。それゆえ、二世界論においてカントがそうであったのとまったく同じように、現在では哲学は一般に、月並みな知性のプラグマティックな確実性とは、考えうるかぎりはるか遠くに位置している。というのも、哲学は人間の正当化実践を世界そのものから与えられるあらゆる合理的な要請に左右されずに行わせるからである。たしかに現実が私たちの心の活動に対して因果的に影響を及ぼすことは認められるものの、私たちの心において世界を感性的に媒介されたかたちで受容することは、もはや問題ではないのである。

まさにこの「心」と「世界」とのあいだの分裂こそが、すなわち、合理的観点にしたがって手続きを行う理性と自然法則にしたがって構想された現実とのあいだの分裂こそが、認識論的な対抗モデルを構想することでマクダウェルがここで私たちへの治癒を試み、克服をめざすものである。二〇世紀前半の哲学者の多くにとってそうであったように、今日、マクダウェルにとってもなお、近代的な二世界的な考え方をそのように克服するための王道と思われるのは、人間の経験において遂行されていることに新しく解釈を施すことである(9)。彼以外のすべての、そしてかつての試みとは異なり、その際にマクダウェルはもちろんのこと知覚的経験からではなく、道徳的経験から出発する。というのも、彼の著作のなかで対案となる構想の概要がはじめて素描される箇所では、理性と自然をうまく総合することができた模範例として、アリストテレスの倫理学が挙げられているのである(10)。この倫理学的アプローチをマクダウェルが、彼の認識論的問題の解法の模範として紹介できるためには、一見するとほとんど関連し合うようには見えない、二つのステップをあらかじめ踏まなければならない。最初のステップで重要であるのは「心」と「世界」という扱いにくい二元論の原因を、現実性（Realität）をもはや自然法則的依存性が支配している論理的領域としてだけとらえるような近代の傾向にあると見なすことである。マックス・

ヴェーバーにならって言うならば、そのような自然の「脱魔術化」の帰結こそが、ある種の「露骨な」、あからさまな自然主義であり、この立場は現実（Wirklichkeit）が意味によって充足されているという想定を、もはや認めないのである[11]（a）。それに対して第二のステップの核心は、ハビトゥスとなっているる、道徳的根拠に向けられる注意の払い方にしたがって「人倫的理解」が解釈されるようなアプローチとして、アリストテレスの倫理学を考えることにある。そこでとりわけ重要であるのは、道徳的知識が循環的な構造を持っているという点である。つまり、この道徳的知識は、前もってすでに倫理的な諸々の要請が帯びている重要性が理解されているときにのみ、ある状況の倫理的意味が把握されるという意味で、循環的なのである[12]（b）。そしてマクダウェルの議論の決定的なポイントは最終的に、結果としてアリストテレスの倫理学が、科学主義的に空疎になってしまった自然のコンセプトの対案のうちの一例として現れてくるようなかたちで、これらの二つのステップを互いに関連づけるという試みから生じてくる。すなわちアリストテレスは、道徳的知識を、人間の自然的本性が形成〔陶冶〕される過程がハビトゥスとなった結果として考察しているために、彼はそのようにとらえられた人間の「第二の」自然を、その内部で私たちが現実そのものからの諸要請を経験するための能力を保持している地平と見なすことができたのである（c）。

（a）こうした議論の経過の第一のステップですでにマクダウェルは、彼の対抗モデルの展開にとって、非常に重要な意味を持つ理論的転轍を行う。すなわち、この転轍は、認識論的な出発点にある問題を、理性と自然の関係規定の存在論的領域に戻してとらえ直すことで試みられるのである。そしてマクダウェルがこうした存在論の問題設定への橋渡しを行う際に示すのが、同時代の認識論の「居心地の悪い状態」の原因は、近代的思考の初期にまではるかに遡ることのできる「心理的障碍（mental block）」であるというテーゼである。いかなるカテゴリーにも媒介されない所与のものを否定することへの答えが、どうして「整合説」だけでしかありえないのかと問われるなら、カントにおいてすでに科学主義的な自然概念と接合していた、ある特殊な像の人間の感性が心の源泉として明るみに出る。私たちはこの思考伝統にしたがうなら、人間の受容能力、経験能力をただ〔自然〕法則にしたがって構成された自然の一部としてのみ構想することができる。他方で人間の概念的自発性は逆に、合理的な根拠だけが通用する、理性の領域に認められなければならない。しかし世界がまず第一にこの二つの存在論的な領域に引き裂かれているのだとすれば、もしかすると私たちの合理的活動が、「私たちの感性の印象そのものにまでずっと」到達することは、もはやまったくありえないのではないだろうか[13]。というのも、そこ〔感性の領域〕ではやはり単なる因果的作用のみが支配しているからである。むしろ、感覚的で受動的なものは人間においてはいまや、正当化実践のためのいかなる機能も欠いたままであるのに違いなく、認識は結局のところ「理由（根拠）の論理王国」における操作的な試みに収縮してしまうのである。この存在論的伝統、すなわち科学主義的に理解された自然法則のうちに人間の感覚を包摂してしまうことこそが、最終的にディヴィドソンもまた整合説を取ることになってしまった原因として、マクダウェルが考えていることである。つまり、私たちにとって経験的に与えられているものがいつも必ず概念的に構成されているなら、そしてそうでないとすれば因果的な作用だけが人間の感覚へと行使されているのであるなら、私たちは認識において、もはやけっして世界とは「接触」を保つことのない、ただ閉ざされた「理由の王国」においてのみ行動しているのである。そして「自然」と「理性」のあいだを、感覚的経験にはじまり唯一の根拠づけの連鎖にそって経験的に内容豊かな認識にまで到達するような心の連続性は、もはや覆ってはいないのである。

マクダウェルはこの議論におけるある種の思考の障碍を、同時代の認識論の好ましくない状態の原因としている。そして、この状態からの克服のための治療的手段もまた、彼は思考の障碍から帰納的推論を試みることで導き出すのである。マクダウェルの戦略の重要なポイントは、ここでは、前科学主義的な自然概念の復権を通じて、人間の概念能力がその〔人間の〕自然的資質からまだ分離されてはいなかった、〔アリストテレス的な〕心の場所にまで立ち戻るという試みにある。つまり、もしそのエピステモロジーの内部で現実との「摩擦（軋轢）」の可能性が、感知された（empirisch）経験そのものにはもはや合理的な内実を認められえなかったがために視界から消え去っているならば、その対抗策として「感性の状態と出来事をそれ自体として特徴づける」[14]こともできる概念的「自発性」の表象が取り戻されなければならない。そうした概念と経験との総合はただ、自然が法則的な連関の領域に還元されるのではなく、潜在的な知性の空間として理解されるという条件においてのみ、取り戻されうるのである。それゆえマクダウェルが言うように、拡大された自然主義、すなわち、「自然」を意味によって充実することで再魔術化することはもはやないにしても、「自然」を、私たちの「理性」、つまり人間の「理性」とのある種の連続関係にもたらす自然主義が必要なのである。すなわち、人間の合理性に自然の過程が継続していると想像してもよいのだとすると、その場合にのみ、私たちは感覚能力の自然的資質を、同時に現実を合理的に把握するための能力としても思い描くことができるのである(15)。

そうした拡大された自然主義の基本的特徴については『心と世界』においてわずかにほのめかされているが、そこからまずシェリングのモチーフの再受容ではないかという印象を受ける。さらには、二〇世紀の最初の三半期にシェーラー、ゲーレン、プレスナーによって基礎づけられた、哲学的人間学の伝統もある程度は思い起こされるに違いない(16)。この箇所でマクダウェルの考察の端緒をなしているのは、私たちは「もの言わぬ動物」と「周囲の諸特徴に対する知覚（Wahrnehmung）的感応性(17)」を共有しているというテーゼである。しかし、全体として感性的受容性が本能に基づいたままである高度に進化した霊長類とですら異なり(18)、人間の感性には、環境との距離にしたがって徹底して「自発性」がすでに支配している。それゆえ人間の感覚は、それが世界を合理的に知覚することを可能とするかぎりで概念的に構成されているということができるのである。ここで暗示されている諸前提を、マクダウェルは次の一文にまとめている。つまり、人間が動物として自己実現を果たす生活様式を特徴づけているのは、「自発性を行使すること」にほかならないのである(19)。この表現にある隠れたアリストテレス主義をはっきりとさせるためのように、議論の第二のステップにおいて彼はまず、アリストテレスの倫理学を簡潔に描写することに着手するのである。

（b）しかしマクダウェルは、アリストテレスの倫理学がそもそもどのように拡大された自然主義という考え方のためのパラダイムを示しているのかを明らかにするために、回り道をしないといけない。彼の著作において、ほんのわずかにバーナード・ウィリアムズとアラスデア・マッキンタイアと関係して示される支配的な解釈によれば、アリストテレスは〔私たち人間から〕独立した所与の自然の諸事実から彼の倫理学の諸原理を導きたいと考えていた。しかし、その場合に目的論的仮説も強い役割を果たしているというのなら、それはマクダウェルの視点から見れば、科学主義的に特徴づけられた自然主義の原初形式にまで行き着いてしまうだろう。したがって、それに対してマクダウェルがここで示すことができなければならないことは、アリストテレスが人間の自然的本性の客観的所与から道徳的徳（moralische Tugend）のコンセプトを導こうとしたわけではけっしてないことである[20]。さらに正確に言うならば、示される必要があるのは、アリストテレスの意図は、倫理的諸原理をめぐる知識を自然的諸力の実行としての自然過程の延長として把握することを目指していたことである。このように対案として解釈を提示する場合にマクダウェルが支えとなると考えている概念が、「第二の自然」概念である。もちろん、この概念は彼のアリストテレス解釈だけではなく、拡大された自然主義という考え方の全体までをも支えているのである。

マクダウェルが「倫理的徳（ethische Tugend）」の概念に着手するのは、この概念がアリストテレスにおいて単なる習慣と合理的熟慮（Deliberation）の中間的位置を占めるとされていることを、まず示すためである。習慣でしかないものとこの徳が異なるのは、後者がある特定の「理解」をはらんでいるからだという。他方で、合理的考察がこの倫理的徳と異なるのは、それが人間的性質が形式化されハビトゥスとなった状態を示しているからだという。それゆえ困難が生じてくるのは、同時に心の知的な操作でもあるものを、まさに身体化して自発的に遂行されるルーティンとして把握しないといけないという課題からである。この困難を解決する方法はただ、倫理的徳を一種の社会化過程の帰結と解釈することにだけあるように思われる。すなわち、この社会化過程を経ることによって人間の実践的知性は、人間の道徳意識を、つまり道徳的な諸要請に「すでに馴染んでいる」ことにほかならない性質上の習慣の形態を、持続的に保つようになるのである。このように把握された徳についてここでマクダウェルがさらに示そうとするのは、アリストテレスにとってはこの徳が言わば解釈学的地平を形成しているということである。そして、私たちは道徳的諸問題の解決に携わる際に、否応なくこの地平の内部で活動しなければならない。ある特定の状況を道徳的にコンフリクトに満ちているととらえ、合理的に克服したいとのぞむという単純な事実は、それだけで次のことを教えてくれるのである。つまり、この事実は、私たちは認識をめぐる問題解決においても循環的にのみ適用することができる、倫理的な先行理解に導かれているということを示すのである。解釈学的循環という同じモデルにしたがい、他方ではまた、マクダウエルが合理的な「倫理的解釈の自己精査」[21]と表現するものが遂行されるという。私たちの道徳的習慣の基準を批判的改訂にさらさなければならない場合においてもまた、他方で私たちの道徳的性質の核心を前もってなしている「人倫的理解」の導きの糸に即してのみ、この改訂は起こりうるのである。私たちは「道徳的主体」としていつでも必ず倫理的知の地平において活動するのであるがそれゆえに、これらの知が私たちにとってきわめて疑わしくなったときですら、私たちはこの地平を越えて出てゆくことができないのである。むしろ改訂と批判は、ガダマーの表象に忠実にしたがうなら、私たちを包括する伝承知の革新的適用というかたちにおいてのみ行われるのである。

マクダウェルが出発点の問いへの橋渡しをするのは、もちろん「倫理的徳」のこのような解釈学的解釈を「第二の自然」概念と結びつけるという提案をまず示してからである。[22] このことが意味しているのはまさしく、その倫理的徳性は諸々の知的な習慣を形成し、それゆえ文化的社会化過程の成果である疑似自然的な行動欲求（Verhaltensstrebung）をなすということである。この表現がこのように最小限のものに限定されるのだとすれば、その表現は私たちが一般に「文化」と言い表すものの再定式化以上のことを表現しているのかどうかは、あまり明らかではないだろう。拡大された自然主義という考えにおいてやはりあらかじめ見込まれている「第一の自然」とのつながりを付けるために、マクダウェルはそれゆえ、その表現により強い意味を付け加えなければならない。[23] ここにおいて、先に触れた考えが展開され、人間は根拠〔理由〕への方向づけの形式において動物としての生命体 tierliches Lebewesen として自己を実現するということを強調するのである。明らかにマクダウェルは、こうした定式化が次のような意味で理解されることを期待している。つまり、この定式化は第一の自然と人間の生活様式のあいだの連続性への暗示を含んでいるのである。また私たちが社会化を通じて身につけた徳に関して第二の「自然」と言うときには、それらの徳性を「有機体としての通常の人間」[24] に宿るさまざまな潜在能力の拡張として理解することを意味しているのである。少し言い換えるならば、同じ思考の流れは次のようにも解釈できるだろう。すなわち、人間の第一の自然において、つまり人間の身体的特性においてあらかじめ、根拠〔理由〕によって媒介されている道徳的行為習慣を展開させる可能性が宿っているのである。ここからヴィトゲンシュタインにならって次のように考察しても、もうそれほど論理的な飛躍はない。つまり、私たちは通常の状況においては、人間の口に、それどころか人間の顔の表現全体に、言語を通じて組織された合理性のための能力を見出さないわけにはいかないのである[25]。

なぜこのかたちの自然主義に、科学主義から強い影響を受けている自然理解への対案を構想するべきなのかをはっきりと見抜くことは難しくない。というのも、倫理的徳を有機体として備えられた潜勢力の実現として理解することが意味するのは、自然をただちに因果的に作用する依存性の領域に切り詰めることではなくて、類に特殊な生活様式の段階的な実現の過程として解釈することだからである。しかし、そうした有機体としての潜勢力がこのように、私たち〔人間〕自身の生活形式の視角からのみ判断されるならば、ここで私たちは最終的に、自然史の解釈学という提案を取り上げなければならない。すなわち、この提案によると私たちは、私たち自身が自らを人間として特徴づけていると見ている諸特性を手がかりに、私たちの文化的生活形式において一定期間継続する、生きているものたちの段階的推移として、自然史を再構成するのである。しかし自然主義のこのバージョンそれ自体もまた、アリストテレスの倫理学を扱う場合にマクダウェルにとっても特に重要な意味を持つ問題を解き明かすものではまだない。そのためにはさらに、第三のステップに進む必要があり、そこで今度は「第二の自然」という仮説がどのようにして、私たちの感覚が合理的内容を持つということを主張するのかが、示されなければならないのである。

（c）自然史の解釈学という考えの枠組みにおいて私たちは、すでに素描したように、自然を、ただ盲目の法則性だけが支配的で、私たちに左右されない所与の領域としてはとらえない。むしろ私たちは自らを自然過程に統合されているものとして理解していて、それは私たちがこの自然過程を、その発展の最後には私たち自身の〔現在の〕合理的な生活形式が存在している、有機的発生の段階系列としてとらえるからである。そのような拡大された自然主義を前提とするならば、マクダウェルのさらなる議論にしたがうと、近代のはじまり以降、人間の感覚能力に課せられていた科学主義的呪縛は消え去ることになる。つまり、人間の受容性、その知覚能力は、以降はもう自然法則の領域の構成要素と解釈される必要はなく、それを通じて私たちが自然的存在として自らを実現する、生活様式の有機的要素として把握されうるのである。この思考の流れを追ってゆくと私たちはマクダウェルにしたがって、「第二の自然」という彼の構想の本来的な成果をなすに違いない、そうした理論的帰結に行き着く。すなわち、最終的に、私たちの感覚が適切に形成され社会化されるのであれば、現実そのものからの諸々の要請を知覚できるようになることが示されるのである(26)。

一見したところの印象以上にこの推論の意味は、ここで「現実」という言葉で何が意味されているのか、という問いにどのような答えを出すのかによって、大きく左右される。マクダウェルにとっては、彼がまず再びアリストテレスの倫理学にならって明らかにしているように、「実在」は自然法則の領域として、今日、私たちが表現する領域とは一致しえない。というのも、拡大された自然主義という考え方が目指そうとするのはまさに逆に、私たちの自然の表象を拡大し、知性と合理性のための場所までもが、そこにあるようにすることだからである。しかし、独自のあり方で動物としての生命体として私たちが再生産される概念活動もまた自然に属すと見なされるならばすぐに、私たちが世界との関係を規定している「現実（Wirklichkeit）」という考えもまた変わってくるに違いない。つまり、その場合に私たちが自分たち自身を関係づける諸事実は、私たちが私たちの行為を合理的に方向づける諸根拠を備えたものとして思い描かれなければならない。こうした考えを、マクダウェルがその著作において言及しないハイデガーに依拠して言い表すなら、次のようになるだろう。すなわち、世界は人間に対しそのさまざまな活動に応じて、いつも必ず（immer schon）その姿をはっきりと現している（erschliessen）のである。ここでもまた現実の前提をなしているのは合理的構造であり、それはこの構造がすでにいつでも、人間の生活がいつも通りに営まれてゆくことに含まれている意味で満たされているからである。この関係はもちろんのこと、投影ないしは構成の関係として理解されてはならない。このことをマクダウェルは、ガダマーに依拠して、まったく同じ思考の経過を次のような言い方を選んで明らかにしている。「自発性の能力を身に付けた知覚者にとっては、環境とは所与と諸問題の連続以上のものである。そして環境は、知覚者が知覚でき、実践的に到達できる射程にある、客観的実在の一部分である。そして環境が知覚者にとってそういったものであるのは、知覚者が環境をとらえるやり方が、環境の持つ性質と状態と同一だからである[27]」。

『存在と時間』のハイデガーの意味においてこの文章を解釈することができる理由としては、マクダウェルがマルクスの『経済学・哲学草稿』に言及するやり方を挙げることもできる。テキストでは同意を示しつつマルクスの表現が引用されているが、それによると疎外のない自然が仮にあるとすれば、それは「人間の非有機的身体」のようなものであるという。そしてある注において次のように論評されている。つまり、その考え方における本質をなす思考は、「自然の残りの部分」を、すなわち自然において人間の有機的身体に含まれないものを、「別のあり方でありながらも、それでも私の身体として」把握することのうちにあるのだ。したがって、「世界」は、それが人間とその概念能力に基づいて出会うように、理由〔根拠〕の論理的空間に対する存在論的対抗領域ではけっしてない。世界はむしろ私たちの合理的な活動を通じて、非常に多くの部分をさらけ出し、入念に検討され、あるいはかたちを変えられる。それゆえ世界は、自ずと私たちに「理性的」な諸要請を突き合わせるようなかたちで、理由の論理的空間へと入り込むのである。つまり、人間の社会化、したがって子どもを「第二の自然」へと招き入れることを、マクダウェルは、概念能力の獲得過程と解釈している。この能力によって私たちは次第に合理的理由の客観的世界へと接近できるようになるのである。他方、そうしたことに応じてアリストテレスにならって語られるのは、次のことである。つまり、人間が道徳的に教養を積むことの本質的な意味は、その助けを借りて私たちが倫理的諸要請の領域を解き明かすことができる合理的能力を与えられるということにある。「倫理的なものは、私たちがそれらを感じ取ることができるかどうかとは関係なく、いずれにせよ存在している、そうした合理的要請からなる領域である。適切な概念能力を獲得することによって、私たちはこれらの要請へと注意を促されるようになる。信頼に足る教育が私たちを思惟の正しい道にもたらす場合に、私たちのまなざしは理由〔根拠〕の空間におけるこの領域の存在に対して開かれるのである[29]」。

この最後の文章に見られる「まなざし」の話は、言うまでもなく、もはや比喩以上の性格を持っている。マクダウェルが自らの表現を通じて明らかにしたいことは、私たちが道徳的知識を実際にはまず第一に、倫理的な事態の知覚として表象しなければならないということである。すなわち人間の世界が独自に合理的構造を保持しており、同時に理由〔根拠〕の論理的空間に入り込んでくるなら、感じ取られた経験（empirische Erfahrung）は、私たちに現実そのものから発せられる要請の感性的把握と見なされなければならない。概念と直観がここで溶け合うのは、人間が尋常ではない何らかの能力を身につけ自由に使うことができるという理由からではなく、世界の合理的内容が人間に対して自らを解き明かす、その程度に応じてのみなのである。そしてこの概念と直観の融合の度合いは、人間がその形成〔陶冶〕過程を通じて、概念的に自らの知覚を相応する要請に合わせて調整することを学習している、その程度なのである。そしてこの知覚の社会化モデルこそが、マクダウェルの道徳的実在論の核心をなすのである。

Ⅱ

マクダウェルが『心と世界』において「第二の自然」というアリストテレス的な構想から導き出した諸々の実在論的帰結は、プラグマティズム的に解釈すべきなのか、あるいはむしろ表象主義的に読み解くべきなのか、これまでのところはまだはっきりしない。(30) プラグマティズム的な読み方が適切なように思われるのは、マルクス的な道具主義が言及されているからだけではなく、世界をなんといっても実践的な「状況連関」として理解しようと試みていた、初期ハイデガーとの潜在的な親近性ゆえでもある。ハイデガーによれば、私たちの思考に現実が及ぼす合理的な制御は、私たちが世界において実践的な目標設定をやり遂げようとする際に出くわす、あらゆる抵抗の総体として把握されなければならない。そのような表象を前提としても私たちは、実在を「理性的」な挑発を受ける領域として経験するので、ここで同じように私たちの知覚の合理的内容と言うことには意味があるのである。つまり、私たちの正当化のための制度化された習慣行動の枠組みにおいて、私たちは世界を事態の秩序づけられた多様性として知覚する。そして、この事態が「合理的」だと理解されなければならないのは、行為を正しく方向づけるための「理由」を世界が私たちに与えるという意味においてである。もちろんこれらの経験はプラグマティズム的な解釈にしたがうなら、私たちが慣れ親しんでいる習慣行動が諸問題に突き当たり、それらの問題がルーティンとなっている継続をもはや不可能にしたときに、その瞬間に正当化機能を失うのである。すなわち、その時に私たちは、私たちの知覚を、その命題的内容を次のように孤立させることで、いわば括弧に入れることを強いられるのである。つまり、そこでは私たちの知覚の命題的内容が、相互主観的な正当化実践の中で新たに〔検討される〕仮説としての役割を担えるようにしなければならない。プラグマティズムが認識上の動揺という状況において不可欠だと見なす態度変更の同じプロセスは、次のようにも思い描くことができる。つまり、ここで質的な経験知は、ある主張という命題的な形態を取っているのである。すなわち、「あるものがいかなる状態にあるのか」という知覚から、私たちはいわば体験した内容を際立たせて、なにかがその状態にあるということをめぐる仮説的表現を得ることができるのである。そして、そのように純化された主張こそが、正当化の反省段階において信念を受け入れるための有力な根拠として役立つのである。[31]

こうしたプラグマティズム・モデルと表象パラダイムが異なるのは、当然のことながら、とりわけこの表象パラダイムが世界の合理的内容への接近を、単なる受動的な受け入れのモデルにならって解釈しようとすることによる。すでに現実における合理的諸要請において見出されるものを、私たちは目的に方向づけられた活動の枠組みのなかで解き明かすのではなく、心における私たちの感覚を頼りにのみ、多かれ少なかれ正確に写し取っているのである。これら二つのもののあいだの違いは、マクダウェル自身がさまざまに用いている表現を用いるなら、次のような言い方もできるかもしれない。つまり、プラグマティズム的な表象にしたがうなら、世界の合理性は私たちの「実践的射程」[32]（practical reach）」のうちにあるが、表象主義的な表象にしたがうなら世界の合理性は私たちの「理論的射程」のうちにあるのである。そして二つの解釈可能性のうちのどちらが優先されるのかに応じて、経験知と正当化のあいだの関係も、つまり知覚と批判とのあいだの関係も異なってくるのである。『心と世界』の議論の重要な基本的特徴をなしているのはやはり、この議論がこれらの二つの選択肢のあいだで決着がついていないように見えることである。実践の優位を前提としている箇所は、少なくとも、ミニマムな経験主義の表象理論的な解釈が見出される箇所と同じほど頻繁に現れる。もちろん道徳理論をめぐってもまったく同様で、それをマクダウェルは『心と世界』を補いながら、さまざまな論稿のなかで素描している。すなわち、ここでは、実践と表象とのあいだで支配的あるアンビヴァレンツが、「道徳的形成〔陶冶〕」が意味しうるものについての二つの表象のあいだにある、未解決の緊張のかたちで繰り返されるのである。

道徳理論についての諸論文において、マクダウェルは原則として、すでに『心と世界』におけるアリストテレスの倫理学についての説明に規範をめぐる基本的考えとして含まれていることだけを、詳細に展開している。もちろん、それらの論文でよりよく分からせようとしているのは、「第二の自然」という考えが道徳理論の領域で重要な理由は、価値実在論を手がかりに徳の倫理学に対して認知主義的な理解を与える点にある、ということである。ここでも出発点をなしているのは「徳」についての特殊な概念であり、それはアリストテレスを引き合いに出すことにおいて、ガダマーの解釈学の自然主義的バージョンの意味で解釈される。この概念にしたがうならば、「徳」あるいは「徳があるという性質」として理解されなければならないのは、全体論的に結びつけられた行動様式の網の目であり、この行動様式の道徳的質はそのつどただ「伝統」の内的視座からのみ認識されうるのである。そしてここで言う伝統とは、他方で人間の「第一」の自然から「第二」の自然への知性による転換の結果としてとらえられなければならない(33)。主体がそのような道徳的文化へとはじめてうまく招き入れられ社会化されて、ようやくそれ以降は主体に対して、倫理的に要請されることが明らかなものとなる。そして、それはただその時々の新しい状況へと、伝統的知識が循環的に適用されることを通じてのみなのである。というのも、ここで「新しい」ということが意味しているのは相対的なものでしかなく、それは「第二の自然」となった行動様態を身につけることによって私たちには〔すでに前もって〕一種の先行理解が備わっているからである。そして、この理解に照らして事態は、いつも必ず私たちにとって道徳的に意味のあるものとして表象される。その意味で道徳的知識は、カントにとっては明らかであったように、最高次の普遍的な道徳原理からの演繹というモデルにしたがって思い描いてはならない。なぜなら、そのように道徳的知識をとらえてしまうと、生活実践に前もって慣れ親しんでいるという事実を飛び越えてしまうことになるだろうからである。むしろ私たちは、次のようなヴィトゲンシュタインの考えを手がかりとすることができる。彼にしたがうなら道徳的規則もまた、慣れ親しむことによって適切な行為実践を習熟してはじめて、はっきりと知ることができるのである。(34)

これまでの、つまり、非常に一般的な点にまで明らかにしてきたのはただ、どうして私たちは倫理を解釈学的模範にしたがい特殊な「賢慮（Phronesis）」という構想において基礎づけたほうがいいのかということである。(35) しかし、マクダウェルにおいて、解釈学的先行理解を道徳的事実の知として定義し、同時にそれを命題的真理とのアナロジーにもたらすことで何が意図されているのかについては、まだ何も明るみになってはいない。徳の倫理に認知主義的転換を施すために、マクダウェルは以下のように三つの理論的段階を経なければならない。これらの三段階はたしかに、互いにきわめて緊密に関わり合ってはいるものの、よりよく理解するためにここでは分けて描写すべきだろう。まず第一にマクダウェルは、ガダマーにおいて「先行理解」と呼ばれているものに、道徳的事実を感性的にとらえるという認知理論的な意味を与えなければならない（a）。第二に彼は、こうした認知理論的なコンテクストの内部で次のことを説明しなければならない。つまり、私たちが知覚可能な現実からの合理的要請と言う際に、そこで私たちはなにをもって「道徳」として理解すべきなのだろうか（b）。そして第三に彼が明らかにする必要があるのは、上記のことを前提として私たちがどのように知覚と反省とのあいだの、そして事実の主張と道徳的正当化とのあいだの協奏を思い描かなければならないのかである（c）。

（a）認知主義的道徳理論という強い意味で徳の倫理学を擁護しようと試みる場合に、マクダウェルはまず「先行理解」という解釈学的考え方に、事実の認識という意味を与えなければならない。彼が認知主義的変換を行う道筋の重要なポイントは、次のテーゼを鍛えあげることにある。つまり、諸価値が、人間の知覚の第二次性質とまったく同様に接近可能なのは、それらの価値が、相応の「先行理解」を通じてかたちづくられる際の正常性条件を満たしているときであるというテーゼである。[36] 以下のいくつかのテーゼにおいてマクダウェルの思考過程はまとめられる。つまり、人間の「第二の自然」が形成されること、すなわちある道徳的文化へと人間が社会化され、編入されること（Einsozialisation）は、その動機づけとしての傾向性の雛形と、価値評価の際のものの見方の雛形を結果として生み出すのである。そして、人間の知覚にとってそのことが意味するのは、知覚に対して世界が道徳的な意味を含んだ事態の地平として姿を現すかぎりで、その場合に知覚は概念的に構成されているということである。それゆえに私たちは現在、ライオンを「恐怖」という反応を示すに値する動物として知覚するのとまったく同様に、人格、行為、状況のそのつど重要となる特徴において、道徳的に賞賛に値するものとして、あるいは軽蔑すべきものとして知覚するのである。そして、私たちの知覚はこのように、もちろんただ道徳的社会化のための正常性条件を満たしている場合にのみ、道徳的事実のためのセンサーを備えているのである。しかしこの感性的能力が、第二の自然の性質に基づいて適切な動機づけに内在的に結びついているので、知覚された事態から行為に影響を及ぼす「理由」を導き出すために、主観的な願望があるとヒュームのように仮定する必要はまだない。むしろ道徳的事実を知覚するならば、それだけで十分私たちは、合理的に適切な行為へと向かうのである[37]。

(b) 奇妙に思えるのは、これまでマクダウェルがいかなるところにおいても、「道徳」の名において語られるべき現象について、定義を試みてはいないことである。その理由は、次のような解釈学的確信にあるに違いない。道徳的に「真」であるもの、あるいは「偽」であると見なされるべきものは、ある特定の伝統の内的視座からのみそのつど明らかに示されうるのである。もちろんそうした相対主義的な控えめな態度を私たちがとるならば、その場合に「道徳的事実」を世界のなかの別の事態から区別することはまったくできないだろう。というのも、解釈学的先行理解をどんなかたちで強調したとしても、少なくとも大ざっぱに、私たちが世界について「道徳的」と表現するすべての事実のどこに統一が見出されるはずなのかを示しておこうとすることは、やはり必要なのである。マクダウェルはここでこの問題の解決をプラグマティズムのやり方では行わず、たとえば私たちが道徳を頼りにして克服しようとする諸々の課題や目的を挙げてゆくことで試みる。むしろここでの彼の解決方法は、定言命法というカント的な考え方を、次のように道徳的実在論へと転換するという驚くべき提案にある。つまり、ここで定言命法という考え方は、道徳的な諸事実の個別的な状態を指示するものとして解釈される。[38]この提案にしたがうなら、私たちが知覚する場合に、道徳的に重要なものとして経験する事態には、私たちの実践的行為の他のすべての観点を「沈黙」させてしまうような特異な性質が保たれていることになる。うまくやり遂げられる社会化の正常性条件が満たされているならば、道徳的であると知覚された諸事実は、私たちに対してある種の定言的な作用を及ぼし、それゆえに私たちは知覚の合理的内実をなす命法にしたがってしか行動せざるをえない。そうした解決戦略の長所は当然ながら、この戦略によってマクダウエルが解釈学的自然主義の枠組みのなかで道徳に対し、絶対的な当為妥当の審廷という強い意味をゆだねることができる点にある。アリストテレス的な考量は一般に、道徳的判断を、構成的な（konstitutiv）生活目標への価値評価的な熟慮に適応させることを目指すものである。他方、ここで〔マクダウエルにおいては〕アリストテレス的な考量は、最終的に定言的義務をもたらすがゆえに、道徳は複数の視座のあいだの対立においても妥当の優位を保つという、そうしたカント的な表象とも調和するのである。しかし、この解決策のメリットは、「道徳」の規定がただ循環的にしか可能ではないという犠牲と引き替えであるように思われる。つまり、「道徳」であるものを私たちが知っているのは、ただ絶対的な、すべての競合し合う観点を沈黙させるような作用に基づいてである。すなわち、この作用は道徳的事実から合理的に生じてくるのであるが、ある事実を「道徳的」な事実とするものについての外在的な試金石が、なんらかのかたちであるというわけでもないのである。道徳のさらなる、この議論とは独立した定義をマクダウェルの前提において想定することはできない。それゆえに彼の思考は次の主張にいたるのである。つまり、命令的な妥当力を持つあらゆる知覚対象は、「道徳的」事実なのである。すなわち、こうした事実がまさに定言的な当為妥当をともなう生活世界の内的パースペクティヴから私たちとだけ出会うかぎりで、そこではその事実が、たとえば、他の人物たちへの配慮を満たすことを要求する、さらなる判断基準を満たすのかどうかは少しも重要ではないのである。

（c）そうした道徳のイメージは、当然ながら、すぐに次の問いを生じさせる。つまり、そのつど慣れ親しみ、知覚に支えられている道徳的確実性の地平において、反省と合理的議論は一体どのような意味を持つというのかという問いである。マクダウェルにしたがって、この問いの二つの側面は区別しなければならない。というのも、道徳的世界観を論じる場合には、そうした見方の内部で合理的に了解し合う場合とは異なる認識過程が重要になるからである。第一のケースで議論されるのは、道徳的事実のセンサーを発達させるために私たちはいかに、どのように動かされうるのかということである。それに対して第二のケースで問題は、道徳的事実からなるすでに開かれている世界のなかで、どのように私たちは合理的考察の影響を思い描くべきなのか、という点にある。第一の問いに関しては、すでに「第二の自然」という考え方から次のことが導き出される。すなわち、この考え方からすれば、私たちは、道徳的世界観の受け入れを、単純に合理的説得や影響力行使の結果であると考えることはできない。たとえば、ある人物が適切には社会化されていないときには、彼／彼女が合理的論拠を示されたとしても道徳的センサーを発達させようと促されることはあまりないだろう。そのことは、現代音楽に耳を傾けようとしなかった人物が十二音音楽を鑑賞してみる気持ちにさせられることがほとんどないのと同じこととである。むしろこれらの二つのケースで必要なのは一種の回心の過程であり、それは道徳的観点のための知覚能力と同じく音楽的な聴覚は、ある人物の動機づけ構造の全体に関わる性格形成の帰結だからである(39)。したがって、実践理性を用いる能力は性格〔性質〕として身に付いた態度であり、その結果私たちは道徳的理由〔根拠〕を、そのつどすでに動機づけの力を備えたものとして考えなければならないのである。また、この動機づけの力は、諸々の根拠を行為に対して作用を及ぼすようにするために、競合し合う信念にしたがって外側から付け加わってこなければならない。そして、それとは逆にそこからは、そうした理由はある道徳的世界観を受け入れさせるようにある人物を動機づけたり、動かすことなどはできないという帰結が生じてくるのである。

しかしある人物がまず最初にある道徳的な世界観へとうまく社会化され、それゆえ道徳的事実のためのセンサーを持っているなら、ハビトゥスとなった確実性と合理的な反省のあいだの関係への問いは、まったく別様に立てられることになる。というのもここでは実践的理由によって確信を得るための動機づけの用意がすでにあるので、その結果諸々の信念は、正当化を要求する論証への圧力にさらされているのである。マクダウェルが次のことをなんども繰り返して強調するのもそのためである。つまり人間の第二の自然は、凝り固まった行為様態の束として表象されてはならず、反対にハビトゥスとなった徳を手がかりにして、道徳的理由に自分をしたがわせることができる合理的な能力として、考えられなければならないのである(40)。しかし、当然ながらここでは、社会化を通じて獲得された行為理由のためのセンサーが、同時に呼び覚まされた道徳的事実のためのセンサーとどのように共に作用するのかという問いが生じてくる。道徳的実在論を解釈学的道筋を経て復権させるという提案は、どんなやり方を取ったところで批判的反省の意味を強調することと調和させることはどう考えても困難である。すなわち、いったいどのようにすれば道徳的事実の世界は、その世界についていつでも合理的な疑問表明の力が展開されうるほど、透過性があり、もろく、開かれたものとして表象されるというのだろうか。あるいは、別の言い方で問うてみよう。道徳的信念の場合に私たちは、マクダウェルにしたがうなら事実の主張と正当化実践のあいだにやはり何らかのかたちであるに違いない関連を、私たちはいかに考えなければならないのだろうか。

この問いにマクダウェルが与える答えは、「ノイラートの船」のイメージにすでにおさまっている(41)。すなわちこの答えにおいては、解釈学的な前提のためのメタファーが重要であり、このメタファーによると私たちは自らの伝統を内在的に再び取り戻すことにおいてのみ、それに照らして私たちの伝承のアクチュアルな形態を合理的に問うことができる基準を得ることができるのである。マクダウェルが念頭に置いている道徳的世界観の場合に置き換えるなら、このイメージが言わんとするのは、実践理性を私たちが用いることには、伝承された尺度と基準の地平の内部にとどまらなければならないように、狭く境界線が引かれているということである。つまり、道徳の脱コンテクスト化された諸原則ではなく、その普遍主義的原則ではなく、私たちの文化的遺産という主導的表象こそが、すでに確立している道徳的表象を遡って問い、それらに改訂を加えるために私たちが要求できるものなのである。しかし、ガダマーにおける伝統の認識上《エピステミック》の権威をめぐる問題とまったく同様に、マクダウェルがこのように素描した提案は、答えられなければならない問いにそもそも答えてはいない。すなわち、伝承された道徳諸原理を合理的に動員することを私たちは、私たちの知覚において常に決まって道徳的な内実を持つものとして与えられているという世界に基づくなら、どのように表象しなければならないのだろうか。このポイントを解明できるためには、マクダウェルが「道徳的形成（moralische Bildung）」について抱いている表象をさらに考察することが役立つはずである。

Ⅲ

どのように私たちの日常的な道徳的確実性が崩れ、そしてそれゆえに批判的な検証過程がはじまらねばならないのか、このことが典型的なかたちで明らかされうる状況にはおそらく二つの類型があるだろう。マクダウェルにしたがって私たちが、世界は通常は、第二の自然にしたがい道徳的事実の領域として私たちに与えられていると想定するならば、この認識についての確実性は少なくとも二つの箇所において、規則的にいつも決まって崩れてくる。一方において私たちが行為する際に、私たちの道徳的知覚能力がまだ応じる用意ができていない、そうした新しい挑戦が現れ出てくる場合がある。他方において参加者のあいだで、どちらかの側に知覚についての単なる錯覚があったことを示唆するだけでは克服できない、道徳的事実の事実確証における不一致の場合が挙げられる。第一のケースについては、歴史的に先駆者がおらず、それゆえに用いることのできる道徳的な価値評価図式もない、そうした社会的な実践や介入を可能にする、技術的な革新を考えることができる。第二のケースについては、単純に言うならば、二人の主体がまったく同一の事態について異なった価値評価的な語彙で表現するために、結果として知覚のレベルで相互的に修正することができない状況がそうである。これら二つの状況類型は、当然ながら、マクダウェルが第二の自然のコンセプトにおいて自明のように想定していると思われる前提を、まず最初に問うことができるように選ばれている。すなわち、マクダウェルの前提によると、道徳的に形成された生活世界、つまり、価値評価的な区別がそこで現実を記述するための手段として用いられる生活世界は、さしあたりは知覚の不確実性、知覚の不一致という状況にけっしておちいらないように、十分に内的に柔軟で、閉じられているはずなのである。そして、私たちが、そうした均一的で、変化に対して耐性を持つ諸々の文化があったという、ほとんどありえない場合を認めるにしても、それでもやはり、それらの文化は、歴史的に変動し、分化したあらゆる社会には該当しないに違いない。ここではむしろ、新しく生じた事態をどう評価するのかをめぐる道徳的な不確実性と、そして事態の価値評価的な記述に関して相互主体的に生じる相違が、社会的生活世界のための通常例を形成するのである。そのように今日、普通の場合と見なされうる文化との関連で言うならば、こうした理由から次のことが問われてくる。つまり、馴染みのものとなった道徳的確実性の拡大や訂正は、どのようにすれば適切に記述することができるのであろうか(42)。

文化内での差異の可能性が視野に入れられ、「第二の自然」がそうして断片化、複数化されたものとして考えられる箇所がマクダウェルにおいて見出せる際には、それらの箇所は、彼自身が抱いている表象と、不条理にも聞こえる対案とのあいだの衝突にまで導くことになる。つまり、私たちが共に分かち合っている価値評価的な判断の実践が作用していることをもはや想定しなくなると、すぐに私たちが直面するのは、マクダウェルがほのめかすように、次の考えである。つまり、道徳的コンフリクトの解決は、道徳的理性というコンテクストのない、諸原則からの演繹というパターンにしたがって行うべきであるという考え方である。しかし、そのような思考の可能性は、倫理的に前もって理解されているという事実に基礎づけられている道徳的判断形成の循環性を正しくとらえてはいないだろう。その結果、この思考の可能性は全体的に誤った仮説として特徴づけられうる。それゆえに私たちには、マクダウェルの推論によると、道徳的コンフリクトの場合でも、次のような選択肢以外にはなにもできない。つまり、その場合でも残されているのは、価値評価的な習慣行動に関して、必要に応じてより深く遡及されなければならないような、共有された地平を想定するということである。すなわち、私たちが、マクダウェルを越えてさらに言えるとすれば、不一致の場合でも合意にいたりうるのは、まだそこに価値評価をめぐる一致が残されている、私たちの倫理的伝統の層にうまくたどり着くことに成功する、その程度にしたがってである。それゆえ、マクダウェルが言う「理性の批判的使用」の重要なところは、コンフリクトの事例を鑑みると、個々のケースにおける個別的なものが、伝承知の光において明らかになってくる理解という循環運動を共に思い浮かべるように理解するという試みにあるのである。この解釈学的提案こそが、マクダウェルが納得のいくものと考えているように見える唯一の方法である。しかし、そうだとしてもこの解釈学的提案は、そもそも私たちの興味を掻き立てる問いに答えてはいない。つまり、そのように明るみに出ている共通性に立ち戻ること、そしてそれを再び築き上げ、さらには、やはり協働の「真理探究」の試みのきっかけにもなっている、道徳的な価値評価における違いを克服することが可能となるには、どのようにすればいいのかという問いである。しかし、とくにこの反省過程について明らかではないのは次の点である。マクダウェルにしたがうなら、ある種の道徳的事実はやはり共有された道徳的な生活実践という第二の自然にとって、単なる存在論的な補完物でしかない。しかし、ここではいったいそうした道徳的事実がいかなる役割を果たすのかについては、不明なままなのである。

そうした協働の試みのまずはじめに行わなければならないのは、容易に見てとれるように、生活世界に中心化した知覚判断を、共に一度保留してみるということである。この道徳的不一致を調停するための前段階には、互いに相手にその視座を変更するように働きかけるという努力が試みられるかもしれない。そして、その相手が争われている事態についての「より適切な」見え方ができるようになることが目指される。たしかに、こうした試みは正しい。しかし、そうした知覚と関連する訂正の試みは一般に、すでに起きている論争のケースの核心をなすのが、まさしく道徳的知覚のための「正常性条件」であるということに突き当たると、ただちに挫折してしまうかもしれない。つまり、マクダウェルの第二次性質とのアナロジーが納得のいくものであるならば、道徳的な諸々の事実を適切に知覚することは、色彩の「正しい」知覚が適切な観点を受け入れることと結びついているのと同じように、ある種の正常性条件にしたがうのである。それゆえ道徳的不和の場合に対立し合う者たちはすぐに、その対立の中心にまず最初にあるのが次の問いであることが分かるだろう。つまり、争われている事態を正しく知覚できるようにするので「正常である」、あるいは適切であると見なしうる初期状況とは、一体いかなるものなのか、という問いである。それゆえにそれらのあいだにある差異において争いが生じてくる道徳的事実は、論争の最初の段階でとうに正当化能力を失うのである。論争において参加者たちは、彼らが「そこで」向き合いつつ質的に見て、さまざまな価値評価のカテゴリーを用いて記述するものを、そのつど度外視しなければならない。そして、彼／彼女らは共に、そこでいったん放棄した自分たちのまなざしの適切さを、互いに判断し合うことのできる反省的な観点を受け入れなければならない。ここでは、ガダマーの相互主体性の概念との対決においてすでに持ち出された考えを、再び取り上げることが役に立つかもしれない。つまり、互いに対立し合うものたちの関係は、第三者のパースペクティヴ、すなわち、その中立化を進める役割を彼／彼女らがそこでの対話に対する危険と理解する必要がない、そうしたパースペクティヴを共に自ずと受け入れることを試みる、ということを考慮するならば、別様に解釈されるに違いないのである（本書〔本翻訳書〕九一頁参照）。

もちろん道徳的知覚がしたがっている正常性条件の判断は、色彩の知覚の場合にそうであるのと同じようなかたちで、「客観的」基準を参照してはいない。ここ〔色彩の知覚〕の場合では一日のうちの時間帯、光の差しかた、そして自分自身の知覚能力への指示関係が説明のために役立つと思われるが、他方で道徳的知覚の不一致を反省的に解決する際には、ここで規範的基準への言及なしにすますことはできないのである。というのも、事態や出来事を道徳的に適切に知覚するために相応しい観点と見なしうるものは、ここでは解釈学的な初期状況の道徳的正当性がそれとして評価されることによって、ただ相互主体的にのみ突き止めることができるからである。色彩の知覚での相違について決定を行うためには、指針として私たちには場所や時間についての情報が役立ちうるが、道徳的な不和の場合にはそれらに相応する規範から自由な等価物は存在しない。それゆえ、ここで道徳的な抗争状態で対立し合うものたちは自分たちに固有の伝統知を詳しく吟味しなければならなくなる。つまり、そこで彼／彼女らに固有の伝統知は、固有の観点の正当化の際に上位にある理由として適しているがゆえに抽象的に普遍化されうる、そうした規範的原理あるいは観点を含んでいるかどうかが問われるのである。ここで「上位にある」という言葉が持つのはさしあたり、自分のかつての観点が不適切であったことを認めているという人びとのパースペクティヴを含み込むという限定された意味でしかない。もちろんこの道徳的討議に内在する脱中心化への強制は、質的な知覚のレベルを離れれば、すぐにある種の非終結性（Unabschließbarkeit）という特性を持つことになる。というのも、自己の観点を正しいものとして根拠づけることができるために、両方の参加者のうちのいずれもが互いに向けて、伝統に内在し持ち出された理由が納得のいくものとして分かってくれるに違いない、そうした人びとの輪を広げるだろうからである。参加者たちが「一般化された他者」（G・H・ミード）としてとらえ関わってゆく第三者には、同じ伝統についての感覚を発達させることができた他者が、まず第一に含まれている。互いに強いられるこの普遍化過程が暫定的なかたちでようやく停止するのは、「道徳的な共同体」に関連して、持ち出された理由がその人びとにとっては次のことゆえに正当化可能であると見なされるに違いない、そうした人びとの集団が最大規模に達する場合である。ここで、すでにある理由が正当化可能であると見なしうるのは、観点の適切さを判断する場合に、同じように重要視され共に語る権利が、当事者たちに認められているからである。このように素描された普遍化の論理からは、第一に次のことが生じてくる。すなわち、道徳をめぐる不一致が起きた場合に知覚の正常性条件が互いに判断されうるのはただ、判断する権利を持つと認められたいずれの人物も正当化の名宛人たちのなかに包摂されることによってのみである。というのも、「正常」として見なされるに違いないものは、私たちが道徳的知覚の適切さをめぐって争っているときには、すべての潜在的な当事者の一致可能性という意味においてのみ、体系的に解明されうるからである。さらにもっと答えることが難しい問いはもちろん、次のような問題と関わっている。つまり、対立し合う当事者のあいだで、判断する権利があると見なされなければならないメンバーからなる「道徳的共同体」の境界はどこにあるべきか、このことについての一致がどのように実現されうるのかという問題である。ここで提案されているのは、マクダウェルが彼の著作においてほとんどの場合に用いるのとは違う意味において、「形成（Bildung）」というカテゴリーを導入することである。すなわち、マクダウェルはまさしくガダマーが考えように、もっぱら作用史的な伝統媒介の匿名的な過程を「形成」として理解しようとする一方で、マクダウェルにおいて「形成」は、ヘーゲルが考えたように、避けることのできない学習過程、したがって、さらなる「学び（Forbildung）」の過程ともとらえることができるのである。

さてここで一見して少しもたやすいように見えないのは、なんらかのかたちの「進歩」に言及することがここで引き受けうるはずの機能を、これまで記述してきた対話状況において見つけ出すことである。

ここで生じてくる問いにしたがうなら、観点の適切さを相互主体的に判断する際に、ある種の理由を〔私たちにとって〕すぐれたもの、よりよいもの、より正しいものと思わせるような学習過程を頼りにすることができるかどうかは、決定的な役割を担うのだろうか。もちろんここで最初に明るみに出る困難は、マクダウェルが道徳的事実に正当化のための力だけではなく、さらに加えて定義付けの力をも認めていたことと関連する。というのも、当事者たちはなにが道徳をなすのかをめぐっては、それぞれにとっての個別的な重要さからのみ知っているはずだからである。また、こうした重要さに、彼／彼女らの知覚世界における道徳的事実がふさわしいと見なされるのは、それらの事実が他のすべての観点を定言的に「沈黙させる」を通じてのみなのである。こうした理由から、そうした諸事実がちょうど留保された状態にある道徳をめぐる論争の参加者は、逆説的な状況にあるように見える。つまり、どういうことのために共に分かち合っている伝統という理由でもって自ら自身のパースペクティヴを普遍化し、同時に正当化しようと試みるのかを、この状況において彼／彼女らはけっして正しくは知っていないのである。マクダウェルの考察が合っているとすれば、いわば、正しい、「正常な」知覚のためのパースペクティヴを相互主体的に精査する試みをはじめる際に、彼／彼女らにはそれがどんな目的のためなのかの意味がまったく分からないのである。しかし仮にこれらの参加者たちに私たちが次のことを想定するとしたならば、この状況は異なった現れ方をすることになるだろう。すなわち、彼／彼女らが自分たちの協働の試みそのものを、何が道徳の意味をなすのかについての体系的表現として、理解しようとするならばである。言い換えれば、この協働の試みを、あらゆる正当な要求を考慮に入れながら、私たちが対人関係を規制しようと試みるときに頼りとする、合意に基づく諸規範へと一致しようとする試みと理解しようとするときである。しかし、そうした前提を取る場合に理論的に推察されるのは、道徳的な社会化はただ単に、徳にかなった行為様態の全体論的に結びつけられた網の目による媒介に尽きるのではけっしてないということである。むしろ主体は第二の自然をわがものとする過程において、同じように次のことも学んでいるのだろう。つまり、主体が獲得した行動性向〔傾向〕がある種の道徳規範を表現していて、こうした規範には合意にしたがって生み出された対人関係における規制という意味が含まれていることが学習されているはずなのである。そうした道徳的社会化の記述が、マクダウェルの構想を越え出てゆく箇所は、次のテーゼにある。つまり、徳にかなう性向を身につけることは同時に、その性向の基礎となっている諸規範の構成的諸原理のための感覚を呼び覚ますというのである。すなわち、私たちは道徳的知覚様態とそれに相応する反応パターンを習得するだけではなく、同じ道筋をたどりながら、もう一つのことも学び取るのである。すなわち私たちは、こうした網の目状に結びつけられた行動性向を、基礎づけられた諸要求をそれぞれ配慮することを通じて私たちの相互行為関係を正しく規制する、そうした諸原理が限定的に具体化したものとして理解することを学ぶのである。

「第二の自然」という考え方を放棄せず、その考え方に原則としてしたがうという性質をより強く与える、(43) そのような記述を行うのだとすれば、モデルとして素描された討議の継続のあり方も、当然ながら違うかたちで描かれることだろう。その場合に討議参加者には次のことが想定できるだろう。彼／彼女らには、知覚の不一致の克服のためには、共通の伝統に立ち戻ることが不可欠となっている。このことを彼／彼女らは自らの行動性向において多種多様なかたちでのみ具体化されている、統一的な原理を手がかりに、取り組まねばならないことだろう。こうした包括的な（übergreifend）原理、まさしく相互主体的に共有された道徳の意味の理解こそが、「ノイラートの船」に乗った討議の参加者たちが、何が修理されなければならないのかを知ることだけを保証するだけでなく、彼らに反省的努力において選び取られるべき方向性の特定のイメージも与えるのである。知覚における不一致を克服しようとして参加者たちは、共有された伝統において普遍化可能な理由を求めることを通じて、適切な観点を吟味しようと試みる。またこの観点は、すべての潜在的な参加者の正当な要求が常に適切に考慮されることによっても判断されえなければならない。ここで、この箇所でまさに、すでに素描しておいた討議における進歩という判断基準を用いる可能性が、浮かび上がってくる。というのも、抱摂（Inklusion）と拡張（Extension）のさまざまな次元で、対人関係において私たちが正しく応対を試みる人びとからの要求に、多かれ少なかれ、よかれ悪しかれ、私たちは合わせることができるからである。私たちが用いる人格のコンセプトがより包括的で、多層的であるにしたがって、要求される他者のパースペクティヴは、それが他の人物たちの分節化された要求によりうまく正しい対応をし、それゆえむしろすべての当事者たちの潜在的な同意を見出しうるだろうという点において優れていることが明らかになるに違いないだろう。

さて、道徳的討議のこうした内在的な作用方向がさらに以下でより正確に述べられるように、その討議において議論そのものが持つ「超越論的」強制が力を及ぼしはじめるかどうか、あるいは道徳の理解において深く根づいている共通の理解だけが沈澱しているのかどうかは、ここで重要な問いにとっては二次的な意味しか持たない。というのも、すでにほのめかされている対案において特に決定的であるのは、コンフリクトをきっかけとして「第二の自然」の道徳的な確実性から、反省による不一致の克服へ移行することが、マクダウェルが念頭においているように見えるのとは異なって生じるという事情である。まず、道徳的生活世界は通常は、ただハビトゥスとなった行動様態の網の目からなっているだけではなく、さらにそれを越えて、状況にふさわしい反応図式の構成原理のための相互主体的に共有された理解をも含んでいるということも、認められるはずであろう。というのも、そのように共有されている道徳原理の反省的な余剰なくしては、次のような解釈学的な修復作業を適切に理解することはまったくできないことになるだろうからである。つまり、この解釈学的修復作業は、主体たちが、道徳的知覚のあり方におけるコンフリクト状況に一度おちいるやいなや、彼／彼女らの分裂した生活世界についての道徳的「事実」をもはや頼りにできないまま、試みなければならないものである。あまり強くマクダウェルの理論言語から離れてしまわないためにも、内在的な原理志向というこの考えは、私が〔本書における〕ガダマーに批判的な論考で行った異議申し立てを手がかりにしても、次のように表現することができるだろう。参加者たちは不一致が起きた場合には、第三者の一般化されたパースペクティヴを常に取ることができるものである。そして、この第三者の視角は、参加者たちの知覚が互いにずれ合うとしても、補うようにそれらの知覚のあいだに方法的共通性があることをさらに見通させてくれるがゆえに、参加者たちそれぞれの見方を凌駕しているのである。したがって共有された構成原理と私が先に表したものは、相互的に受け入れられている第三者のパースペクティヴから明らかになる、そのつどの道徳的態度の目的と関心における一致に他ならないのである。ガダマーと同じように、マクダウェルもまた密かに次のことを想定しているように見える。すなわち、伝統が守られる際の相互主体性は、それゆえノイラートの船もまた、そこで超越的なパースペクティヴを受け入れることができると主張されるならば、マクダウェルからすれば間違った特徴づけをされることになるのである。しかしそのことが意味するのはやはり、船上で難破している人びとには、修理作業の際に考慮に入れるべき、技術的に必要なものについての共有された知識がないと見なしてしまうことである。船乗りたちが共に、彼らの道具的な介入がしたがう暗黙の規則を明らかにしなければならないのとまったく同様に、道徳的な論争において対立し合う人びとが試みなければならないのは、彼らのあいだでばらばらになっているものの見方が共に基づいている、そうした内在的な諸原理について意識し合うことなのである。

しかし、そのように共有された、道徳のための感覚の媒介的な役割があるとされるならば、議論を通じた不一致を克服するという相互主体的な試みのためには、そこである種の学習強制が作用することの可能性も認められなければならない。つまり、主体たちが道徳的な共通性を修復する際にまったく同一の原理に依拠するゆえに、彼／彼女らは共有された伝統をそれらの原理に照らして、次のように拡大しようと試みるのである。つまり、結果として、新しく目指される同意においては両方の観点が表現されうるのであり、それゆえ、より多くの要求に考慮が及ぶようにである。それゆえ、その状況による知覚能力を越える、道徳的なもののための感覚は、伝統の媒介過程を道徳的共同体の拡大という方向に向かわせる、論証を行う必要性の審級のようにはたらくのである。すなわち、第二の自然は、社会へと組み込まれた（einsozialisiert）価値確信の壊れやすいネットワークとも理解でき、不一致が起きた場合には、たやすく作用史的に再生産されるのではなく、参加者の反省的な努力を通じて、道徳的に拡大されるのである。

このように対案的な解釈を行う場合には、明らかにマクダウェルが彼のアプローチである、「弱い自然主義」と呼ぶものの意味もまた変わってくる。すなわち、人間の道徳的な生活形式が常に、道徳という基底的な構成原理のためにそもそも共に理解されている、そうした反省的な余剰を含んでいるなら、その場合に自然は、ただ徳にかなった行動様態を認識するというかたちにおいてのみ、存続するのではない。むしろこうした「第二の自然」が形成されるという出来事は、次のような学習過程の形式を取るのである。つまり、生活世界に起こった危機と不一致によって反省的な問題の克服が迫られるときに、必ず作用するという学習過程である。ここから言えるのは、「形成（Bildung）」とは、ガダマーが確信をもって主張した匿名的な伝統の動向という形態を取るのではなく、ヘーゲルが規定した、実践理性の連続した実現の形態を取るということである。しかしながら、そうした形成過程もまた、人間の道徳的な生活形式の構造によって狭く区切られた境界の内部へと留まるように方向づけられたままである。それゆえこの形成過程の結果は、道徳的事実からなる統一的な世界が解き明かす、共通の知覚へと常に逆向きに翻訳し直すことができるに違いない。そのかぎりで私たちがヘーゲルと共に想定することができる道徳的学習過程には、さまざまに狭く境界線が引かれるのであるが、この境界線は共通の生活世界を絶えず修復するという要請から生じてくるのである。

＊　いくつもの助言と批判的な示唆を与えてくれたアンドレイ・デネスキイとライナー・フォアストに感謝したい。

原注

（1）Vgl. etwa: Peter Schaber, *Moralischer Realismus*, Freiburg 1997; Jean-Claude Wolf, »Moralischer Realismus. Neuerscheinungen zur angelsächsischen Ethikdiskussion«, in: *Allgemeine Zeitschrift für Philosophie* 1/1990, S. 63–71.

（2）John McDowell, »Two Sorts of Naturalism«, in: ders., *Mind, Value, and Reality*, Cambridge, Mass. 1998, S. 167–197 (dt.: »Zwei Arten von Naturalismus«, in: ders., *Wert und Wirklichkeit. Aufsätze zur Moralphilosophie*, Frankfurt a.M. 2002, S. 30–73).

（3）John McDowell, »Values and Secondary Qualities«, in: ders., *Mind, Value, and Reality*, Cambridge, Mass. 1998, S. 131–150 (dt.: »Werte und sekundäre Qualitäten«, in: ders., *Wert und Wirklichkeit. Aufsätzezur Moralphilosophie*, a.a.O., S. 204–230).

（4）Jürgen Habermas, »Einleitung: Realismus nach der sprachpragmatischen Wende«, in: ders., *Wahrheit und Rechtfertigung*, Frankfurt a.M. 1999, S. 7–64; ders., »Richtigkeit versus Wahrheit. Zum Sinn der Sollgeltung moralischer Werte und Normen«, a.a.O., S. 271–318.

（5）Jürgen Habermas, »Richtigkeit versus Wahrheit«, in: ders., *Wahrheit und Rechtfertigung*, a.a.O., S. 305.

（6）Vgl. John McDowell, *Mind and World*, Cambridge, Mass. 1994 (dt.: *Geist und Welt*, Frankfurt a.M. 2001).〔『心と世界』神崎繁・河田健太郎・荒畑靖宏訳、勁草書房、二〇一二年〕

（7）そのことに合わせてマクダウェルに対するローティの論文の標題はつけられている。»The very idea of human answerability to the world: John McDowell's Version of Empiricism«, in: Richard Rorty: *Truth and Progress. Philosophical Papers*, Vol. 3, Cambridge (UK) 1998, S. 138–152.

（8）Wilfrid Sellars, *Empiricism and Philosophy of Mind*, Cambridge, Mass. 1997.〔『経験論と心の哲学』浜野研三訳、岩波書店、二〇〇六年〕

（9）この点について概要は以下のものを参照のこと。J. Freudiger, A. Graser, K. Petrus (Hg.), *Der Begriff der Erfah-*

rung in der Philosophie des 20. Jahrhunderts, München 1996.

(10) John McDowell, *Mind and World*, a. a. O., S. 78 ff. (dt.: *Geist und Welt*, a. a. O., S. 104 ff.).〔邦訳『心と世界』(以降、邦題など省略)、一三七頁以降〕

(11) John McDowell, *Mind and World*, a. a. O., Kap. IV, S. 6 (dt.: *Geist und Welt*, a. a. O., ebd.).〔邦訳、一三五頁以降〕

(12) John McDowell, *Mind and World*, a. a. O., Kap. IV, S. 7 (dt.: *Geist und Welt*, a. a. O., ebd.).〔邦訳、一三七頁以降〕

(13) John McDowell, *Mind and World*, a. a. O., S. 69 (dt.: *Geist und Welt*, a. a. O., S. 94).〔邦訳、一二三頁〕

(14) John McDowell, *Mind and World*, a. a. O., S. 76 (dt.: *Geist und Welt*, a. a. O., S. 102).〔邦訳、一三四頁〕

(15) この要求については次の解明的な分析を参照のこと。Vgl. Michael Williams. »Exorcism and Enchantment«, in: *The Philosophical Quarterly*, Vol. 46/1996, No. 182, S. 99–109.

(16) シェリングとの近さをアンドリュー・バウイは以下の論文の中で際立たせようと試みている。in: ders., »John McDowell's Mind and World and Early Romantic Epistemology«, in: *Revue Internationale de Philosophie*, No. 3/1996, S. 515–554;「自然史の解釈学」についての古典的な定義については、以下の著作における哲学的人間学の伝統連関において見出せる。Helmut Plessner, *Die Stufen des Organischen und der Mensch*, Berlin/New York 1975.

(17) John McDowell, *Mind and World*, a. a. O., S. 69 (dt.: *Geist und Welt*, a. a. O., S. 94).〔邦訳、一二三頁〕

(18) John McDowell, *Mind and World*, a. a. O., S. 115 (dt.: *Geist und Welt*, a. a. O., S. 142).〔邦訳、一九〇頁〕

(19) John McDowell, *Mind and World*, a. a. O., S. 87 (dt.: *Geist und Welt*, a. a. O., S. 103).〔邦訳、一四九頁〕

(20) この同じ方向を今日目指しているのは、たとえば古典的自然主義の解釈を試みるユリア・アナスである。Vgl. Julia Annas, *The Morality of Happiness*, Oxford 1993. 特に第三章を参照のこと。

(21) John McDowell, *Mind and World*, a. a. O., S. 81 (dt.: *Geist und Welt*, a. a. O., S. 106).〔邦訳、一四一頁〕

(22) John McDowell, *Mind and World*, a. a. O., S. 84 (dt.: *Geist und Welt*, a. a. O., S. 109).〔邦訳、一四四頁〕

(23) そのことをマイケル・ウィリアムズは強調している。Michael Williams, »Exorcism and Enchantment«, a. a. O., bes. S. 104.

(24) John McDowell, *Mind and World*, a. a. O., S. 84 (dt.: *Geist und Welt*, a. a. O., S. 109f.).〔邦訳、一四五頁〕

(25) Vgl. etwa Virgil C. Aldrich, »On what it is like to be a Man«, in: *Inquiry*, Vol. 16, 1973, S. 355–366.

(26) John McDowell, *Mind and World*, a. a. O., S. 82 (dt.: *Geist und Welt*, a. a. O., S. 106).〔邦訳、一四二頁〕

(27) John McDowell, *Mind and World*, a. a. O., S. 118 (dt.: *Geist und Welt*, a. a. O., S. 143).〔邦訳、一九二頁〕

(28) John McDowell, *Mind and World*, a. a. O., S. 118 (dt.: *Geist und Welt*, a. a. O., S. 145, Anm. 9)〔邦訳は三三二頁（本文一九五頁の注九の内容として）〕

(29) John McDowell, *Mind and World*, a. a. O., S. 82 (dt.: *Geist und Welt*, a. a. O., S. 107).〔邦訳、一四一頁〕

(30) この二つの読み方の可能性については以下の論文を参照のこと。Vgl. Andrej Denejkine, »Sind wir vor der Welt verantwortlich«, in: Deutsche Zeitschrift für Philosophie, H. 6/2000, S. 939–952.

(31) pという状態についての知覚から、pであるという命題への移行の必然性については、以下の論文において非常に見事に際立たされている。Carleton B. Christensen, »Wie man Gedanken und Anschauungen zusammenführt«, in: *Deutsche Zeitschrift für Philosophie*, H. 6/2000, S. 891–914.

(32) John McDowell, *Mind and World*, a. a. O., S. 116 (dt.: *Geist und Welt*, a. a. O., S. 143).

(33) John McDowell, »The Role of Eudaimonia in Aristotle's Ethic«, in: ders., *Mind, Value, and Reality*, a. a. O., S. 3–22 (dt.: »Die Rolle der eudaimonia in der Aristotelischen Ethik«, in: ders.: *Wert und Wirlichkeit. Aufsätze zur Moralphilosophie*, a. a. O., S. 107–132); ders., »Two Sorts of Naturalism«, in: ders., *Mind, Value, and Reality*, a. a. O., S. 167–197 (dt.: »Zwei Arten von Naturalismus«, in: ders.: *Wert und Wirlichkeit. Aufsätze zur Moralphilosophie*, a. a. O., S. 167–197).

(34) John McDowell, »Wittgenstein on Following a Rule«, in: ders., *Mind, Value, and Reality*, a. a. O., S. 221–262.

(35) 実に古典的な表現は以下の著作に見出すことができる。Hans-Georg Gadamer, »Über die Möglichkeit einer philosophischen Ethik«, in: ders., *Gesammelte Werke*, Bd. 4, Tübingen 1987, S. 175–188.

(36) John McDowell, »Value ans Secondary Qualities«, in: ders., *Mind, Value, and Reality*, a. a. O., S. 131–150 (dt.: »Werte und sekundäre Qualitäten«, in: ders.: *Wert und Wirlichkeit. Aufsätze zur Moralphilosophie*, a. a. O., S. 204–230).

(37) John McDowell, »Might there be External reason?«, in: ders., *Mind, Value, and Reality*, a. a. O., S. 95–111 (dt.: »Interne und externe Gründe«, in: ders.: *Wert und Wirlichkeit. Aufsätze zur Moralphilosophie*, a. a. O., S. 156–178).

(38) John McDowell, »Are Moral Requirements Hypothetical Imperatives?«, in: ders., *Mind, Value, and Reality*, a. a. O., S. 77–94 (dt.: »Sind moralische Forderungen hypothetische Imperative?«, in: ders.: *Wert und Wirlichkeit. Aufsätze zur Moralphilosophie*, a. a. O., S. 133–155).

(39) John McDowell, »Might there be External reason?«, in: ders., *Mind, Value, and Reality*, a. a. O., bes. S. 101f.; S. 107 (dt.: »Interne und externe Gründe«, in: ders.: *Wert und Wirlichkeit. Aufsätze zur Moralphilosophie*, a. a. O., S. 156–178).

(40) John McDowell, »Two Sorts of Naturalism«, in: ders., *Mind, Value, and Reality*, a. a. O., bes. S. 188 ff. (dt.: »Zwei Arten von Naturalismus«, in: ders.: *Wert und Wirlichkeit. Aufsätze zur Moralphilosophie*, a. a. O., S. 59 ff.).

(41) John McDowell, »Some Issues in Aristotle's Moral Psychology«, in: ders., *Mind, Value, and Reality*, a. a. O., S. 23–49, bes.; S. 36 ff.; ders., »Two Sorts of Naturalism«, in: ders., *Mind, Value, and Reality*, a. a. O., S. 189 ff. (dt.: »Zwei Arten von Naturalismus«, in: ders.: *Wert und Wirlichkeit. Aufsätze zur Moralphilosophie*, a. a. O., S. 60 ff).

(42) この点にヤン・ブランゼンの批判は向けられている。Jan Bransen, *On the Incompleteness of McDowell's Moral Realism*, Ms. 1999.

(43) この方向を指し示しているのは当然ながらローレンス・コールバーグの道徳的な社会化の議論である。模範的なものとしては以下の著作を参照のこと。Vgl. Lawrence Kohlberg, »Stufe und Sequenz: Sozialisation unter dem Aspekt der kognitiven Entwicklung«, in: ders., *Zur kognitiven Entwicklung des Kleinkindes*, Frankfurt a. M. 1974, S. 7–255. 仮にコールバーグの段階モデルが詳細に分けられていない場合でも、社会化を通じて強制され、段階的に増していく、道徳的習慣の抽象化という考え方と、それに対応して強くなっていく原則への方向づけという考え方は、それでも擁護することができよう。

第六章　対象関係論とポストモダン・アイデンティティ
——精神分析は時代遅れだという思い違いについて

第二次世界大戦が終わってのち、社会科学と文化理論では、精神分析は「時代遅れ」だと繰り返し語られている。「時代遅れ」の概念が単にイデオロギー闘争の手段にとどまらないとするなら、この概念で考えられたのは、精神分析が生まれたときのさまざまな社会文化的条件と現在の社会状況とがますます一致しなくなっているという傾向である。すなわち、かつてフロイトとその弟子たちが自我生成の精神分析理論の構築に着手したとき、社会化の諸状況に関して前提していたに違いないものは、その間に発展し続けた社会の社会的現実《リアリティ》のなかには、もはやごくわずかしか見出すことができない。したがって、精神分析理論の当初の構想は、その説明力のすべてを失っており、その点でいわば時代遅れになっているということである。こうした時代遅れなテーゼを五〇年代終わりと六〇年代初めに最初に際立ったかたちで押し進めたのが、周知のとおり、テオドール・W・アドルノとヘルベルト・マルクーゼである。彼らはおおむね一致して、個人の自律が破壊される社会プロセスのことを主張したのだが、そうした社会プロセスによって、さまざまな欲動要求と現実《リアリティ》原則との精神内のコンフリクトという精神分析の考え方は古くさいものになってしまった、というわけである。すなわち、「他人指向的性格」に関するデイヴィッド・リースマンのテーゼと多くの点で合致している彼らの中心的な考え方によれば、社会化において衰弱した個人には、社会のコントロール審級が直接的に、またなんらの抵抗も受けずにはたらきかけており、そのため、エディプス・コンプレックスを媒介にして自我のさまざまな力を獲得するといったことはもはや問題になりえないということである。(1)「個人の終焉」というこのテーゼは、八〇年代にポスト構造主義によって、社会診断の観察としてではなく哲学的前提として再び活気づいたのだが、この間にその内容はほぼ逆のものに変わってしまっている。すなわち、今日、社会学的な同時代診断に特徴的なのは、くまなく適応させられ自律することができない個人というイメージではもはやなく、アイデンティティが内面的に増えることで個性が高まるという考え方である。わずか数十年のうちに、ポストモダンのパーソナリティというテーゼが、主体の自律性喪失のテーゼに取って代わっている。希望的観測にしたがうなら、ポストモダンのパーソナリティは、非常に多くのアイデンティティをなんの支障もなくやすやすと駆使することができ、こうして「多元的」主体の理想がすでにくっきりと姿を現しはじめているとされる。だが、同時代診断のこうした変化には、またもや精神分析に対する批判的断言がともなっている。つまり、精神分析の理論プログラムは、社会の新たな発展により「時代遅れ」となることが避けられないということである。精神分析が二〇世紀初頭以来のカテゴリーの骨組みでは破綻するとされるのは、もちろん今回は、抑圧的な社会状態に個人が完全に組み込まれるといったことに関してではない。むしろ、精神の健全さを精神分析が暗に思い描いているからこそ、つまり現実《リアリティ》を力強く乗り越えることができるという自我の能力に規範的に志向しているからこそ、精神分析は現在、急速に時代遅れになりつつあるとされるのである(2)。そのかぎりで、こうしたポストモダンの挑戦の陰で今日、論題となっているのは、精神分析の理論と実践が人格のアイデンティティや自我の発達といった観念を本当に必要とするのかどうかである。つまり、それらの観念は、主体が精神内で多元化するという傾向と原理的に相容れないのである。

I

さて、このように言うとき、ある意味で前提となっているのは、「ポストモダン」の主体の形成という傾向でなにのことを考えるべきなのか、そのことについての明確なイメージが近年の議論においてすでにはっきりしているということである。しかし、最近の研究文献を一瞥してみればただちに誤解の余地なく分かるとおり、まったくそうではないのである(3)。ここでは、似而非科学的なナンセンスが、暗示的で目新しい説明や興味をそそる個別観察と解きほぐしようのない仕方で混じり合っている。そのため、新しいパーソナリティ・タイプを矛盾なく納得のゆくように規定することから、まだはるかにほど遠い。たとえば、高度に反省的なアイデンティティ形成が観察され、それと並んで「多元的」パーソナリティが軽々しく、いやむしろ無責任に賛美されている。それは、自分のアイデンティティのさまざまな部分をより高次の段階で統合するといったことを、もはやまったく必要としないパーソナリティである。さらにまた、主体の絶えざる自己創造がさかんに推奨されると共に、そのかたわらでは自身の自己のなかの見知らぬものに対し個人が次第に開かれていくことが語られている。ここで言われていることのごく一部しか、経験的検証にまともに耐ええないであろうし、また、私たちのさまざまな道徳原理に照らすなら、実際、これら種々の推奨のごくわずかしか、容認できる、ないしは望ましいと、見なされえないであろう。[4] しかし逆にまた、今日、間違いなく軽率であるのは、こうした、まださしあたりは手探りで漠然とした同時代診断の成果について、それらがそれ自体としてよく考えられておらず暫定的なものだからといって、まったく承知しておかないことだろう。冷静に考えてみるなら、たしかに次のような観察は、ことの本質として保持されるに値することが確かめられるであろう。すなわち、それは、近年、少なくとも高度に発達した社会では、慣習的な役割帰属と固定的な行動期待の諸条件のもとでありえたよりも、もっと多くの内面的なアイデンティティの可能性を認め意識するという主体の傾向が増していることである。「性革命」の概念でただちにまとめられた一次的諸関係における社会文化的変化に後押しされることで、また、やがては社会的諸関係の多元化に促されて、この間、自分のバイオグラフィーに関する個人の理解は変化している。つまり、職業役割と家族内の性別分業が最後に位置するような、そうしたアイデンティティ発達の直線的なプロセスとしてそれを理解しようとする構えは弱まったわけである。この比較的固定されたアイデンティティ図式を、たとえばパーソンズはなお当然のように、自分の社会化理論の基礎にすえることができた。だが、このようなアイデンティティ図式は、きわめて多様な社会環境の成員であることで、また馴染みのないさまざまな生活形式との接触が増えることで、さらには性的試行が広がることで、実に多種多様なアイデンティティの可能性に向け自分の自己理解を開いておくという傾向に取って代わられている。[5] それゆえ、今日、私たちが「ポストモダンのパーソナリティ」というキーワードのもとに取り扱うべき社会文化的変化は、さしあたってまずは、なんらの誇張もなしに、主体の精神内の多元化のことであると把握できる。

最近の同時代診断をこのように要約してしまうのは、明らかにかなり強引である。実際また、このような要約は、なおきわめて漠然としており、それだけではなく、さしあたりは純粋に概念的な性格を持つ数多くの問題を未解決のまま残している。たとえば、上述のとおり、内面の発達の可能性においてより多くのことが個人に開かれるという傾向が、そもそもなぜ「自己の崩壊」や「アイデンティティの喪失」にいたるプロセスのこととされるのか、まったく明らかではない。というのも、「アイデンティティ」や「自己」という概念が用いられる場合、社会学的伝統のより進んだ潮流では、たしかにいつも綜合のはたらきだけが考えられていたからである。つまり、時間的にまた社会的に相異なる多数の経験や信念や行為を、一つの自我が首尾一貫してなしていることとして体験できるために、主体は、そうした綜合のはたらきを発揮しなければならない。[6] 同じく曖昧で単なるほのめかしにしか私には見えないのは、個人の自己関係における上述の根本的な変化を、ある種の強制の乗り越えとして理解することができる、という想定である。この強制は、個人の自我アイデンティティという目標に規範的に志向することからもっぱら生じるとされている。だがその際、私見では二つのまったく異なるアイデンティティ概念が互いに混同されているのである。つまり、この混同は、特定の種類の個性が社会的に強いられることと、自我アイデンティティの首尾よい形成と言うときに想定する必要のある形式的な諸能力とが、軽率にも同一視されることによって生じている。[7] しかし、このように概念的におかしなところがどんなにあるとしても、本稿の文脈においてまず第一に関心を引くのは、もちろん、すでに述べたさまざまな傾向のそもそもどういった点に精神分析への挑戦があるとされるのか、である。この問いは、より精確には次のことを意味するに違いない。すなわち、精神分析理論において自我の発達が把握されると言うとき用いられる構想や概念が、最近の社会文化上の根本的な変化を考慮するなら「時代遅れ」だと言いうるのはなぜなのか、である。周知のように、無意識の革命的な発見ののち、フロイトがとくに関心を持ったのは、自我が、肉体と結びついたエス（Es）の諸要求ならびに超自我の社会的に媒介された諸期待に抗して、ある種の強さを獲得することのできる精神内の過程である。フロイトは、こうした自我の強さを、程度の差はあれいつも、精神の健全さと結びつけていた。その際、フロイトにとって、主体のアイデンティティ形成の問題は、次の理由からだけでも、まったく思いもよらないことだった。というのは、フロイトの時代には、「自己」や「アイデンティティ」の概念に関するアメリカ合衆国由来の諸研究は、ヨーロッパではまだ少しも受け入れられていなかったのである。その後、一九四五年以降、エリク・エリクソンがはじめて、精神分析とそのパーソナリティ・モデルを社会心理学的な研究に用いることができるようにするという印象深い試みを行った。この社会心理学的研究で焦点となったのは、「自己」の発達のコミュニケーション的な条件であった。こうして学問的な綜合を行った結果得られたのは、主体は「自我綜合の暗黙の行い」に基づいて人格のアイデンティティを獲得するのであり、その際、この自我綜合の行いにより、個人のさまざまな欲動要求と社会的に期待されるさまざまな態度とのあいだに「内面的な統一性と連続性」がもたらされるという考え方であった。[8] したがって、エリクソンの場合も、主として、意識的なまた無意識的な統合のはたらきに注意を向けさせる、そうした自我アイデンティティの概念が優勢であった。つまり、主体は、数多くのことを体験し感受していくなかで、この統合のはたらきを通じて、内面の統一の意識を得ることができるというわけである。[9] しかし、そうだとすると、なおさら緊要なのは、自我アイデンティティのこうした形式的で開放的な考え方を考慮しても、精神分析が主体の新しいより多元的な自己理解を概念的に正しく扱うことができないとされるのはどうしてなのか、これを問うことである。私には、ここでもまたある程度大きく単純化することが適当であると思われる。つまり、時代遅れだという非難をここでもしかすると向けうるかもしれないのは、精神分析のなかのどの部分に対してなのかが、そのように単純化することでそもそもはじめて見えるようになるわけである。たしかに、フロイトの精神分析の伝統にはいつも、自分の環境と精神的な内面生活とに対する自我の関係の目指すべき理想を、合理的なコントロールのモデルにしたがって考えるという傾向が、ある程度はあったかもしれない。労働能力と結合能力という目的に向けて無意識のさまざまな欲動要求と社会的規範の数々とを調整すること、そのための十分な自我の強さを持っている主体だけが、現実《リアリティ》を適切に乗り越えていくことができるだろう、というわけである。こうしたイメージのモデルにしたがい精神の健全さの基準として用いられうるものがあるとするならば、それは、そのすべてが現実《リアリティ》の乗り越えに役立つはずの自我綜合のさまざまなはたらきの全体を個人が用いることができるということであろう。そして、個々の主体は現実《リアリティ》を乗り越えるために自我の力を強める必要があるのだが、その際、あたかも当然のようにこの現実《リアリティ》の典型と見なされるのが、生涯にわたる職業労働と分業による家族生活とのさまざまな要請によって基本的に特徴づけられる社会の現実である。ところで、パーソナリティのこうした理想を、最近の同時代診断の成果として先ほど描いた社会文化的傾向にあらためて関係づけるなら、今日、精神分析に向けられうる多少とも正しい異議の最初の要点が示される。すなわち、精神分析の基本概念、それどころか精神の内面生活に関するその考え方の全体は、無意識のはたらく領域を自我が合理的にコントロールするという規範的目標に強く合わせてつくられており、そのため、加速した脱伝統化の結果として現在展開しはじめている、主体の新しい開放的な自己関係をまったく考慮することができないのである。一つの命題にまとめるなら、精神分析が急速に時代遅れになりつつあるのは、自我アイデンティティのコミュニケーション的液状化という考えに対し、精神の内面生活の側でのその必要な対応物が、精神分析には欠けているからである。

ところで、ここまで私は、非常に単純化して叙述するというやり方しか取ってこなかった。それは、精神分析が現在の変化した諸条件のもとで直面しているように見えるかもしれない挑戦を、そうした方法ですみやかに、まずは暫定的に規定するためである。しかし、以下で私は、論証の向きを逆にして、精神分析の擁護に移ることにする。この擁護は、主として次のことの証明に資することになるだろう。すなわち、より進んだかたちの精神分析には、現代の諸傾向にふさわしく精神の内面生活を把握するためのさまざまな概念的手段が用意されていることである。ただし、このように精神分析擁護の方針を展開していくためには、あらかじめ限定をかけることが必要である。そのことの理由は、おそらく私の考察の末尾ではじめて十全に理解できるであろう。すなわち、対象関係論の伝統において、精神の内面生活の形成をさまざまな相互作用関係の内面化という葛藤に満ちた過程としてとらえようとする、精神分析のさらなる展開だけが、上述の課題を乗り越えることができるのである。というのも、そうした展開は概念的にまさに、精神内部のさまざまな力や審級の相互の関係を次のものと同一のコミュニケーション・パターンにしたがって考えざるをえなくなっているからである。つまりは、子どもが分化の途上で自我アイデンティティの能力を獲得するときの相互作用関係において、理想的な場合には広く行われているコミュニケーション・パターンである。それゆえ、精神分析をこのようにコミュニケーション理論的にとらえることで構想される、パーソナリティの成熟のイメージも、有能な強い自我のそれではなく、内面生活のコミュニケーション的な液状化によって自我がより豊かになるというものである。私は以下のように議論を進めていくことにする。まず、ドナルド・ウィニコットの著作に立ち返り、承認論的に理解される精神分析がどのような前提から出発するのか、手短にまとめてみる。そこから自己関係の相互作用的構成というイメージが生じてくるのだが、次にこれを、ハンス・レーワルドの研究成果に基づく欲動理論の洞察に関して、より深めていきたい。この途上で明らかになるはずだが、精神内部での欲動ポテンシャルの組織化はそれ自体、子どもの相互作用関係の拡大の諸段階にそって進む、分出（Ausdifferenzierung）のプロセスとして把握されうる。こうして実現される〔対象関係論と欲動理論の〕綜合に基づきはじめて、そのあとの最後のステップにおいて明らかになるのは、個人の精神が、内面に移されたコミュニケーションの構成として解明されることで、自我発達の規範的な規定もまた、いつの間にか変わってくることである。すなわち、おそらくはウィニコットやレーワルドと共に主張しうるように、合理的なコントロール能力の強化という目標に対し、精神の内部に生じるものが生気にあふれ豊かであるという理念が取って代わるのである。

II

フロイトとその直接の弟子たちにとって、子どもの相互作用の相手は、さしあたり、リビドー備給の対象として登場するくらいの意味しか持っていなかった。このリビドーの備給というのは、無意識のさまざまな欲動要求と徐々に生まれてくる自我コントロールとの精神内部の葛藤からもたらされるもののことである。唯一、準拠人格としての母親だけには、そのようなもっぱら間接的で二次的な役割を超えて独立の位置価が認められていた。なぜなら、乳児が身体的に無力である時期に母親の喪失に脅かされることが、その後のさまざまな種類の不安すべての原因と見なされなければならなかったからである。

それゆえ、フロイトが切り開いた路線において、次のような理論的試みにいたることも、さしあたりはまったく不可能であった。すなわち、その範囲がますます広がっていくさまざまな準拠人格との相互作用関係を内面化するかたちで進みうる、そのような一つの過程として、個人の精神の発生をとらえることである。むしろ、精神－性的発達とそれにともなう自己関係の形成もまた、ある種の内因性の成熟プロセスのモデルにしたがって考えられた。つまり、この成熟プロセスにおいては、他の人びととの関係は、肉体と結びついた欲動ポテンシャルが展開する際の単なる触媒の機能しか持っていないとされていた。精神分析が当初このような立場にあったため、アメリカの社会心理学における相互主体性理論の諸アプローチと実りある交流をすることは不可能であった。精神分析のこうした立場は、子どもの成長プロセスに関する次のような諸研究が精神分析運動の内部でよりいっそう知られるようになるにつれて、ようやく持続的に変わることができた。すなわち、それらの研究では、子どもの成長プロセスがうまくいくことにとって感情的に結ばれているという経験が精神的にどのような意義を持つのかが、経験的に証明されたのである。こうして精神分析の関心のありかが移りはじめたのだが、その成果の一つが、よく知られるとおり、対象関係論である。この理論では、自我の発達についてより多角的で精密な視点を得るために、リビドー的欲動の組織化が、他の人びとに対する幼い子どもの諸関係と体系的に組み合わせて考察された。この相互主体性理論的に拡張されたパースペクティヴから出発して、有益な洞察ということですみやかに受け入れられたものは、少なくとも三つの点で、相互作用主義的な社会化研究の伝統と強い共通点を示している。それに関して、以下で私は、ウィニコットの精神分析解釈とG・H・ミードの研究成果との間に確認できる理論的収斂に議論を集中する。とはいえ、もちろん、同じような推論は、メラニー・クラインの著作と比較しても引き出すことができる。(10)

1) 両者の理論アプローチにおいて前提されているのは、一次的な準拠人格との最初の基本的な相互作用経験が初期形式の〔自己との〕再帰関係(Rückbeziehung)への道を開くまでのあいだ、子どもの精神は、体験の諸刺激と欲求の諸衝動とからなるまさに無秩序の複合体だということである。乳児はいわば、相互作用の相手の反応行動から、自分のまだ組織されていない体験遂行に自分がどう関係するのかを学び、そのようにして、精神の組織化の最初の段階が成立しうる。そのかぎりで、両者のアプローチの解釈にしたがうなら、主体の内面生活といったものがはじめて形成されるのは、外部のさまざまなコミュニケーション関係が内面化というかたちで精神内部の諸関係パターンに変換されるのに応じてである。すなわち、私たちが習慣的に個人の自己関係の諸形態として説明しているものはすべて、それが道徳的感情であれ、自分の意志に基づく行為であれ、あるいは欲求の表現であれ、いずれもさまざまな相互作用の結果である。言ってみれば、それらの相互作用は内面に移され、そこで、コミュニケーションに似た仕方で互いに関係し合う諸審級を形成するにいたったのである。この理論上の出発点において、両者のアプローチはきわめてよく一致しており、そのため、両者の違いは、それぞれが格別に注意を向けているのがどの発達次元なのかということだけに関わっている。すなわち、G・H・ミードはとりわけ、道徳意識の相互主体的に媒介された成立を追究しており、これに対し、ウィニコットが同じ観点から優先的に関心を持っているのは、結合能力と創造性との動機づけ上の発達を研究することである。

2) 両者の理論アプローチの第二の共通点は、次の問題を提起するとすぐに明らかになる。すなわち、内面化という一つの中心的メカニズムによって主体の社会化（Vergesellschaftung）と個人化（Individuie-rung）とが同時に実現するというのはいかにしてなのか、である。この定式化はパラドックスに見えるが、ここで考えられているのは、人間の社会化（Sozialisation）の過程はどれも、二つの逆方向の課題を同時に果たさねばならないという事情である。一方では、内面化のプロセスにおいて、社会は、いわば一歩一歩、成長する子どものなかに入っていかねばならない。しかし同時にまた、子どもの個性は、同一の過程のなかで次第に高まらなければならず、最終的には、唯一無比のパーソナリティの形態さえも取ることができなければならない。このように要約される問題を解決するために、両者の理論アプローチが提示している解釈の提案は、境界線を引くという原理、分化の原理を加えて内面化の過程を拡張することから、もたらされる。すなわち、内面化が根本において意味しているのは、当初は受動的にしか経験されない外部のコミュニケーション関係から、次のことによってその力を取り入れることである。つまりは、外部のコミュニケーション関係が複雑な道のりを経て自身の内面で複製され、以後そこで、周囲の社会的世界と一線を画するために精神内部の資源として役立ちうるわけである。内面化のそれぞれのステップがうまくいくことで、それに応じて、外部の対象や準拠人格や刺激に対しそれらに左右されず独立するという主体の能力は高まっていき、その結果として同時に、個人が自分の欲求を表現しまた目標を立てていく余地が広がる。すなわち、内面化の過程がうまくいくことで産出される、精神内部のさまざまな審級は、いわば内面のコミュニケーション空間を生み出すのである。そして、このコミュニケーション空間は、その範囲がたえず広がっていくコミュニケーションの相手から自分を区別できるために必要であり、また人生を自律的にかたちづくれるようになるために必要なのである。[11] こうした理論的解決の路線にあるのが、たとえば、社会化（Sozialisation）プロセスを次のように経過するものとして説明するG・H・ミードの提案である。すなわち、子どもは、はじめは具体的だがその後ますます一般化する他者の外部パースペクティヴを内面化することで、自分のなかに「ミー（Me）」の審級を築くことを徐々に学んでいくのであり、この「ミー（Me）」の審級は、子どもが自身の行為衝動を自律的にコントロールするようになることを助けるわけである。もちろん、こうした説明のアプローチから、ウィニコットの考え方も、それほど離れていない。ウィニコットの考えでは、準拠人格の養育行動がうまく内面化されるのに応じて、子どものなかに、「自分自身と」ひとりきりでいる能力、また遊びのなかで自身の欲求ポテンシャルを創造的に発見する能力が形成されるのである。しかし、なんといっても両者のアプローチに特徴的なのは、子どもをさらなる個人化へと向かわせる本来の圧力が、内面化のプロセスにおいてほとんど組織化されない残余としていわば残っている、そうした審級から発していることを仮定している点である。すなわち、ウィニコットはその審級をフロイトにならい「エス（Es）」と呼んでおり、ミードは、ウィリアム・ジェイムスを参照して「アイ（I）」と名づけている。これにともない、私は、両者の理論アプローチのあいだに存すると思われる、第三の共通点にいたる。

3) G・H・ミードの相互作用主義においてもウィニコットの対象関係論においても同じく仮定されているのは、外部のコミュニケーション・パターンが内面化されるプロセスにおいて、精神の体験流の一つの領域がいわば手つかずに残され、それ以後、この領域は、無意識のさまざまな行為衝動と欲動要求のストックになるということである。このストックに集められたさまざまな欲動は、反省的にはっきり意識可能なものとの境目を越えることはできない。なぜなら、早期の準拠人格の相互作用行動が内面化されることではじまった精神の組織的な再編によって、それらの欲動は構造的に捕捉されなかったからである。肉体と結びついた欲動衝動のこの領域は、ごくわずかしか組織されないか、あるいはまったく組織されず、フロイトの意味での「エス（Es）」である。そして、ミードとウィニコット、両者のアプローチの解釈にしたがうなら、やはり、この領域からこそ、成長していく主体を個人化の方向に推し進める精神内部の圧力が発しているとされる。すなわち、意識されることのないそれらの衝動は、精神内部に開かれたコミュニケーション空間のなかで、いわば無言の諸要求を意味しており、それらの要求が個人に絶え間なく強いるのは、自分の欲求の表現においてより高度に個人化されるために、社会的環境との妥協形成のそのつどの到達水準をあらためて越えることとである。この点において、子どもが社会的な相互作用パターンを内面化することで徐々に自立していく社会化プロセスは、理想的な諸条件のもとでは、常にまた個人化の過程としても進むわけである。ところで、こうした考察と関連してミードもウィニコットも、次の可能性に関わることになる推測をしている。すなわち、自身の無意識や「アイ（I）」に対しダイアローグにも似た関係をはじめる可能性である。このように要約される問題を、私は本稿の末尾で取り上げることにしよう。そのとき重要になるのは、対象関係論が支持するパーソナリティの理想を、現在の同時代診断の議論とあらためて関係づけることである。

ここまで三つの仮説を述べてきた。第一に、精神の組織化に対し社会的相互作用が先行すること、第二に、内面化は社会化のメカニズムであると同時に自立の獲得のメカニズムでもあり二重の機能を持つこと、第三に、精神のけっして組織化されない領域が個人化の無意識の推進力としての意義を持つこと、である。つまり、これら三つの仮説によって指し示される理論的な基本確信において、G・H・ミードの相互作用主義と対象関係論のあいだにはかなりの一致があるように見える。両者の理論伝統の仮定によれば、精神内部で生じることの組織化は、内面に移されたコミュニケーション空間が開かれることとして理解されうる。また、両者の仮定にしたがうなら、このコミュニケーション空間からは、無意識の欲動衝動のストックだけが除外されており、そうしたストックは、外部の相互作用パターンの内面化によって手を加えていくことが構造的に不可能である。ところで、両者のアプローチのあいだに本質的な相違が現れてくる箇所は、根本においてそもそも最初からドナルド・ウィニコットによる理論構築の出発点をなしている、そうした一つの前提に関係する。すなわち、他の多くの精神分析学者と一致してウィニコットの仮定では、自立を獲得する初期の行いは、たしかに同時に、外部の現実が独立したものであることをはじめて感情的にはっきり意識することをともなうが、こうした行いは子どもにとっていわば過大な要求を意味しており、それに応じて、子どもの内面の精神生活をも大人の年齢になるまで呪縛するであろうということである。私の考えでは、この射程の広い大胆なテーゼには、近代の主体理解に対する精神分析の固有の貢献と理解できるものはなにかを考えるための鍵のようなものが含まれている。それゆえまた、共生という根源状態の想定に対し最近の乳児研究の成果を用いて今日唱えられている経験的異議を論駁することに、多大の労力と努力が費やされるべきであろう(12)。

ウィニコットが自分の議論の中心的な前提について挙げている根拠は、たとえそれに対し、まさに近年、多数の留保が表明されたとしても、根本においては、たやすくあとづけることができる。乳幼児は、母親（あるいは他の準拠人格）の側からの安定した養育の初期相互作用パターンを内面化することによって、そもそもはじめて、自分のさまざまな精神的力をどう組織化すればよいのかを学ぶ。もしこのことが本当なら、主体と現実とが一体となりそれらの差異がないという体験の段階が先行しているはずである。この最も初期の局面については、「一次ナルシシズム」から「共生（Symbiose）」にいたるまで、精神分析のなかにある程度よい概念が数多く見出されるが、次のように考えられなければならない。すなわち、この段階において乳児はまだ、自分自身の衝動や欲動を、それらに対応して充足をもたらしてくれる準拠人格の反応とまさに融合したものととらえており、そのため、乳児の感情体験においては、自身の自己と現実《リアリティ》とのあいだになんの隔たりもありえないということである。したがって、新生児は、その生体器官上不自由であるがゆえに、純然たる生存という実践的な意味においてだけ、一次的準拠人格による世話をしたり面倒をみたりする行動に全面的に依存しているのではない。それだけではなく、自分がなにかを体験するというより深い意味においても、新生児は、自分をとりまく環境、それは自分の衝動や欲動を満たしてくれる反応行動からなるのだが、そうした周囲の環境からまだまったく切り離されてはいないのである。ところで、ウィニコットは、こうした根源的な共生経験が乳幼児にとってのみならず、原理的には大人にとってもなお、精神内部で重要な意味を持つと強く確信している。それゆえ、ウィニコットは自分の精神分析理論を、主として次のメカニズムの解明に向けている。すなわち、なんらかの現実が〔自分から〕独立していることを次第にはっきり意識していくこと、これを幼いときにうまくやり遂げられるよう助けとなるメカニズムである。しかし、ここでもまた、ほとんどただちに重ねて強調されねばならないことがある。つまり、ウィニコットにとってそのとき問題となっていたのは、自分から切り離された客観的な現実《リアリティ》という図式が認知的に生み出されるプロセスのことではけっしてなく、もっぱら、子ども自身の願望幻想には左右されない準拠人格という現実の感情的な承認を子どもが成し遂げるさいのメカニズムである。乳幼児のこの決定的な学習ステップの説明を試みるときウィニコットが用いる仮説は、「移行対象（transitional objects）」という素晴らしい着想に存している。この考え方について、私はここでは、きわめて簡潔に要約することしかできない(13)。すなわち、乳児は、おもちゃの部品であれクッションの端っこであれ、あるいは自身の親指であれ、自分の体験にとって身近な環境のさまざまな対象に対し感情のきわめて充溢した関係を結ぶのであり、準拠人格が通常は黙ってそれを容認するなか、その関係においてある種の独自の現実領域を自ら築いていく。その際、この現実領域は、単に内面の体験の一部をなすわけではなく、また客観的な事実の世界にすでに属しているわけでもない。逆に、こうした「中間的」体験地帯の特性は、それがフィクションなのか現実《リアリティ》なのか〔訳注1〕をはなからまったく問えない、そのような存在論的圏域としてすべての関与者にはっきり意識されていることに他ならない。

こうした中間的な準拠対象が発見される発達局面のことを考え合わせるなら、この準拠対象が、外部の現実《リアリティ》へと消えていってしまった母親の代わりになっていると推測するのが、まずは自然である。そうした準拠対象には存在論的にある種の中間的性格があり、それゆえ、子どもは、母親との分離体験を越えて自分の根源的な共生幻想を生きながらえさせ、同時にまたその共生幻想を現実《リアリティ》に対し創造的に試すために、この準拠対象を親の目の前で実際に利用することができる。ただしまた、こうして遊びながら現実《リアリティ》を確かめていくときの準拠対象の用い方に現れるように、移行対象の機能は、融合状態で体験される母親の役割を共生的に受け継ぐことだけに限定されうるわけではない。子どもはたしかに、自分の選んだ対象に対し共生的に愛情をこめて関わってゆくが、それのみならず、同じくその対象を繰り返し激しく攻撃し破壊しようと試みる。このことから推論できるとウィニコットが考えているのは、移行対象で問題としなければならないのは、いわば、融合しているという一次的体験と分離しているという経験とのあいだの存在論的な媒介項だということである。すなわち、子どもは、内部の現実《リアリティ》と外部の現実《リアリティ》との分裂を、苦痛をともなう体験するのだが、感情が充溢する諸対象と遊びながら触れ合うなかで、その裂け目を繰り返しシンボル的に架橋しようと試みるわけである。このことには同時に、相互主体的に認められた錯覚形成のはじまりが結びついており、それゆえ、ウィニコットは、さらにもう一歩、議論を進め、広範な帰結をともなう一つのテーゼに達することになる。すなわち、この存在論的な媒介圏域は一つの課題を処理した結果として形成されるが、その課題は人間にとって生涯、存在し続けるのであり、したがって、そうした媒介圏域は、大人がさまざまな文化的客体化に寄せるであろう、あらゆる関心の生まれてくる精神的な現場だということである。ウィニコットの著作には、このような先鋭化された推測の小さくない意味が書かれている。すなわち「ここで私たちが主張するのは、課題としての現実《リアリティ》受容が終わることはけっしてないし、人間は誰もが内部の現実《リアリティ》と外部の現実《リアリティ》とを相互に関連づけねばならないという重荷から解放されることはなく、そして、この重荷からの解放は、疑問視されることのない中間的な経験領域（芸術や宗教などにおける）によってもたらされる、ということである（…）。こうした中間的な領域は、遊びに『夢中』になっている小さな子どもの遊戯の領域から直に生まれてくる」[14]。

そうしてみると、「移行対象」という着想からもたらされる、幼い子どもの発達プロセスについての考え方は、たしかに、一連の相互主体性理論的な前提がG・H・ミードと同じである。しかし同時に、この考え方は、ミードと比べるなら、相互作用と内面化との循環が拡大していく決定的な箇所で、分断、分裂の要素を際立たせているわけである。すなわち、ミードの場合と同じく、ウィニコットにしたがってもまた、子どもが自立の最初の形式に達するのは、具体的な他者の養育行動を広く内面化するときである。子どもは、その内面化によって一つの審級を精神の内部に築くことができ、この審級によって子どもは、遊びを通じて自分の環境を発見し、それと同時に、その環境をはじめて原初的にコントロールすることができるようになる。しかし、こうした解放の歩みは、乳児のパースペクティヴからすると同時に、母親との根源的な共生状態から離れること、したがって苦痛をともなう深刻な別離の体験を耐え抜くことを意味している。このような体験は生涯にわたっての補償を必要とし、つまりは、さまざまな移行対象の中間領域に繰り返し赴かなければならない。自己関係の相互主体的な媒介性に関する私たちの考え方にとってどんな帰結が生じるのか、それがはっきりしてくる一般化の段階に移るなら、ウィニコットのこうした推測からは、以下の仮説がもたらされる。すなわち、私たち人間が、精神の内部でのダイアローグ能力という意味で自立性を発揮することができるのは、そのために必要な、自分の相互作用の相手が独立していることとの承認のプロセスのなかで、同時に次のような能力を獲得する場合にかぎられる。それは、共生の根源状態から絶えず離れ続けていることに耐えうるために、それぞれに築かれている自我境界の背後に自分を定期的に引き戻す能力である。この点において、融合願望と自我の境界設定とのあいだでバランスを保つという課題は、乳幼児のみならず、大人にとっても誰もがあらためて乗り切らなければならない、一つの精神的な試練である[15]。以上の考察からパーソナリティの理想について結論を引き出す前に、私は手短に、欲動理論の想定をいくつかつけ加えることにしよう。それらの想定は、相互主体的に媒介された〔訳注2〕人間の自己生成を余すところなく描くために、どうしても必要不可欠なのである。

III

欲動理論のさまざまな仮説は、共生の根源状態の想定と並んで、疑問の余地なく精神分析のもう一つの重要な財産である。だが、パーソナリティの発達についてここまで素描してきたイメージに関し、欲動理論の仮説がそこでどのような役割を演じうるのか、これまでのところ、まだまったく不明である。ここまで詳しく述べてきた考察から私たちが分かっているのは、以下のことまでにすぎない。すなわち、個々の主体は、外部の相互作用パターンを内面化するという道のりで自立するのであり、その際、この内面化によって、周囲の社会的世界と相補的なかたちで、精神内部に一種のコミュニケーション空間が発達しうる。加えて、この相互主体的に媒介された精神の組織化からは、ある特定の部分が除外されていると考えられ、そこには、肉体と結びついたさまざまな欲動要求が、ほとんど構造化されない形態で表れている。そして最後に、これらで示唆されるイメージに、さらにもう一つの要素がつけ加わる。すなわち、コミュニケーション的につくられている、主体の解放プロセスは、共生の初期状態から引き離される苦しみを補償するために自己の境界を繰り返し取り払うことが必要だという点で、絶えず分断されているということである。その際、自己の境界を解くことは、移行対象や文化的想像物の中間世界に遊戯的に赴くというかたちをとる。しかし、フロイトとその弟子たちが議論の出発点にできると信じていたあの過剰な欲動ポテンシャルが、個人の発達においてどのような役割を演じるのかは、以上のことすべてによっても説明できない(16)。ここで、いまや議論を進めることを助けてくれるのが、人間の欲動ポテンシャルの形成に相互主体性理論的な解釈をほどこそうと試みている、ハンス・レーワルドの考察である。レーワルドの仮説は、ここまで示してきた発達モデルにとくによく合致する。なぜなら、彼の仮説は、相互作用パターンが徐々に内面化されるというメカニズムに同じく関係しており、しかし同時に、今度はミードとウィニコットを越えて、精神全体の組織化を過剰な欲動ポテンシャルの構造化のプロセスとして解釈するにいたっているからである。(17) このやり方で遅ればせながら説明されるのは、これまでずっと脇に置かれるしかなかったあの事実である。すなわち、精神内部のコミュニケーション空間が設えられるとき、一つの審級――「アイ（I）」あるいは「エス（Es）」――が、組織化されない、いわば構造を欠いた残余の形態を保っていることである。

レーワルドが欲動理論について考察するとき出発点とする考え方のモデルは、社会化理論のプラグマティズム的伝統からあまりにもよく知られているものである。すなわち、個人の精神は一つの有機体と考える必要があり、この有機体の発達は、その環境との絶え間のない交流のかたちで生じるということである。(18) やはり最初のうちは、つまりは乳児の最初の人生段階においては、精神のこうした「有機的」形成物は、方向性をまったく欠いてなんらの構造もなしに欲動がはたらいているというものでしかない。人間の欲動ポテンシャルは、有機的欲求と衝動の総体と理解されるが、ここではまだ特定の対象にまったく結びついておらず、それゆえ、定まった方向もなく環境との活発な交流を求めているだけである。そのかぎりで、レーワルドもまた主張しているとおり、発達のこの初期の時点では、専門用語の意味で「欲動（Triebe）」はまだ問題にならない。というのは、そもそも「欲動」ということで考えられうるのは、欲求のうちでも、それが充足した状況の体験についての基本的な記憶心像の形式でなんらかの対象といわば融合し、そうなることで、すでに精神的表象に達しているものだけだからである。単に有機的なものと考えられうる衝動から上記の欲動にこのように転換することがはじめて可能となるのは、レーワルドによれば、乳児にとって母親の養育行動が、充足状態の規則的な繰り返しをともなう最初の相互作用パターンとして、環境とのとりとめのない交流から際立ってくるときである。というのは、以前は方向性を欠いていた欲求の運動が、いまや「記憶イメージ」を用いることで、その充足を予示している特殊な対象に次のような仕方でつなぎとめられうるからである。すなわち、欲求の運動は精神的に表象可能になり、それゆえ、欲動の形態を取るということである。欲動が組織化されるこの最初のステップについて、レーワルドは一つの素晴らしいイメージを用意している。それがとくに際立たせることになるのは、一次的な準拠人格が適切な養育反応をなすとき、興奮状態を取り除く単なる手段ではなく、逆に、興奮のプロセスそれ自体を産出し組織化する創造的行いがどれほど重要でありうるかである。すなわち、レーワルドの論文には「母親がさまざまな世話をすることを通じて、子どものなかに諸々の欲動が創設される」(19)と書かれているのである。

こうした仕方で欲動が子どもの精神体験のなかに存在することになったのであれば、レーワルドにしたがって私たちが関わっているのは、すでにウィニコットにおいて融合状態として知ったあの初期局面の基本的条件である。すなわち、なにかを体験しているといったようになんらかの外部の現実をはっきり意識しているとは、ここではまだまったく言うことができない。なぜなら、乳児はいまでは自分の衝動を精神上で表象するのだが、その衝動の対象についてはなお、行動活力の、統合された一構成要素、つまり自分の欲動の充足を求めるときに用いる構成要素と見なしているに違いないからである。ところで、私がレーワルドの欲動理論研究の真の成果と考えているのは、彼が、共生のこうした初期局面から出発し個人化のプロセスを一つの過程としていかに説明するかである。すなわち、個人化の過程は、最初はまだ一まとまりであった欲動の活力がさまざまな審級に分出するというかたちで生じるのであり、そのさい、これらの審級はそれぞれ、乳幼児の環境の諸行動における特定の相互作用パターンの内面化を表しているのである。レーワルドのこの中心的な直観は以下のように理解されうる。つまり、精神内部のコミュニケーション空間が発達してくるのは、生死に関わる重要な相手との相互作用の特徴的な型が内面に移され、この間に解放された欲動エネルギーを利用して、そこでそれぞれ諸々の審級へとつくり上げられるのに応じてだ、ということである。そうしてみると、全体としては次の考え方が生じてくる。すなわち、大人になった人間の精神は、さまざまな審級の相互作用ネットワークを形成しており、それらの審級においては、内面化のプロセスを通じて欲動エネルギーのさまざまな部分が、組織化された形態に達しているということである。[20]

しかし、精神内部の組織化された構成単位がそのようにしてかたちづくられうる以前に、当然ながらレーワルドもまた、一つの局面を想定する必要がある。つまり、乳児の共生経験がこじ開けられ、そのことによって乳児の欲動エネルギーがそもそもはじめて、諸審級を形成するために自由に用いられるようになる局面である。ウィニコットとまったく同じく、レーワルドはこの分離局面を、子どもに過大な要求が課せられがちな一つの過程として説明している。すなわち、準拠人格の自立を経験するという圧力がかかることで、対象と一体になり融合しているという錯覚が打ち砕かれ、その結果、欲動エネルギーの一部が今度は、相互主体的交流を適切に築くのに役立ちうる、そうした認知的はたらきの組織化のために用いられねばならないわけである。欲動エネルギーが、構造を欠いた「エス（Es）」の領域と基本的な自我機能の組織化された領域とにこのように最初に分裂すること、ここにレーワルドの立論の原型を見て取ることができる。これをモデルとして、そこからレーワルドは、子どものそれ以後の個人化の過程すべてを分化の過程として説明するのである。すなわち、常に精神の欲動エネルギーの一部が、適切に機能する組織化された構成単位を内面に築くために用いられるのであり、その際、それらの構成単位は、外部の世界で体験される相互作用パターンの内面化の結果として理解されうる。また、この分化プロセスによって、まず「自我（Ich）」が、そののち「超自我（Über-Ich）」が、欲動エネルギーが結晶化してかたちづくられたものとして生じてくるのだが、そうした分化プロセスにおいて「エス（Es）」は、内面の原初的な残余として常に存在し続けており、それは、他の審級と比べるなら、ごく弱いかたちでしか統合されていないないし組織化されていない。残念ながらここでは、個人化プロセスについてのこのきわめて独特の解釈から、主体の生成に関する私たちのイメージに対しどんな有益な帰結がもたらされることになるのか、そのすべてを明らかにする余裕がない。〔上述のとおり〕個人の自己関係は、精神内部の分化過程の結果として理解することができ、そして、この分化過程は、外部の相互作用パターンの内面化に基づき生じうる。このことが子細にはなにを意味することになるのか、〔レーワルドの議論に基づくことで〕はるかに適切に理解できる。だが、それだけではない。私の考えでは、さらにまた画期的なのは、とりわけ次の洞察である。すなわち、自我のはたらきや超自我の機能は、欲動に対立する諸力として理解されてはならず、欲動が組織化され束ねられている形式として、まさに欲動エネルギーにかたちが与えられたものとしてとらえられねばならないということである。ちなみに、こうした洞察は、G・H・ミードやジョン・デューイといった人たちの考え方と一致している。しかしながら、この考察をさらに追究していく代わりに、以下で私は、レーワルドによる精神分析解釈の二つの含意のみを簡潔に指摘するにとどめよう。それらによって、私は、本稿の考察の出発点に立ち返ることができる。

1) 私はレーワルドの研究成果についてきわめてわずかしか説明できなかったのだが、それでも、レーワルドが精神内部のコミュニケーション空間という考え方にいかなる点で欲動理論的転回をもたらしえているのか、明らかになったと言えよう。人間の欲動エネルギーは、幼い子どものときの分離局面のあとで精神内部のさまざまな審級を構築するために用いられるものとして理解されねばならず、その一方で、精神内部の諸審級はそれ自体、外部の相互作用パターンの内面化の結果として把握されねばならない。もしそうだとすれば、大人の人間の精神は全体として、さまざまなかたちで組織化された欲動エネルギーによるコミュニケーションのネットワークであることが明らかとなる。推測の感性をほんの少しはたらかせれば、次のように言えるだろう。すなわち、私たちの内面生活を構成するもの、つまり願望、良心の感情、現実《リアリティ》判断、理想、こういったものはすべて、全体として多数の内なる声をなしており、それらの声は、程度の差はあれ欲動エネルギーが凝固した形式であり、内面化がうまくいった場合には、互いに対しあたかもダイアローグのような関係を結んでいるということである。それゆえまた、レーワルドが多くの箇所で述べうるように、理想的な状況では人間の精神は、内面に移された一つの相互作用連関として把握されねばならず、そして、この内面の相互作用連関は、個々人がきわめてさまざまな相互作用役割（＝承認関係）で他者と接する、そうしたコミュニケーション的生活世界に対し相補的なのである。

2) しかし、本稿の目的にとってさらに本質的と考えられるのは、レーワルドの理論のもう一つの含意である。この点について、私は、ここまでのわずかな叙述では、それ自体、取り上げることができなかった。ウィニコットと同様に、レーワルドもまた確信しているのは、個々人が一時的に次のような経験にも進んで身を任せることができるほど、内面のダイアローグ能力のポテンシャルは、それだけより容易に、あるいはよりよく展開されうるということである。つまり、自我の境界の開放をともない、それにより、すでに確立された精神内部の分化から逆戻りすることを可能にする経験である。レーワルドにおいて、この示唆に富む洞察と関連しているのが、以下の考察である。すなわち、自我の統合がまだでき上がっていない初期の段階は、成熟し分出したパーソナリティの力の源であり、なぜなら、この力の源は私たちを、その乗り越えが個人化の代償であった融合経験に引き続きなじんだままにするからである。それゆえ、私たちは、自分の自我の境界を定期的に開放することによって、共生と独立とのあいだのバランスを保つために必要な力を得るのである。

レーワルドの理論に関する私の叙述を、彼からの引用で締めくくらせてほしい。以下の引用によって、私は、きわめて簡潔なものではあるが本稿の結びの考察にただちに移ることができる。「すでに述べたとおり、フロイトは、自我発達のより前の自我段階がより後の段階と並んで精神的に存続するという問題を論じた——それは、フロイトが言うように、これまでほとんど研究されてこなかった問題である。しかし、人間をしっかり見つめてみれば分かるように、それは、自我と現実《リアリティ》との統合という、より前の段階が存続していることの問題であるのみならず、そうした一つの段階から他のさまざまな段階への少なからぬ移動が、人生のさまざまな時期に、さまざまな調子で、またさまざまな状況で、日々生じているということなのである。実際、自我の諸レベルと現実《リアリティ》の諸レベルの多様性は、人間が生き生きとしていればいるほど（そのさい人間は必ずしもより安定しているわけではないのだが）、ますます豊かであるように見える。もしかすると、完全に発達し成熟した自我と言われるものは、背後にそれ以外の発達段階を捨て置いたのち、最も高度な、あるいは最終のものと間違って考えられた発達段階に固定された自我ではなく、次のような仕方でその現実《リアリティ》を統合している自我かもしれない。すなわち、自我と現実《リアリティ》との統合のより早期でより深層の諸段階が、より高次の組織化の活動的な源として保持され続けることである(21)」。

　この引用から印象深い仕方で明らかとなるのは、対象関係論のさまざまな洞察の結果として、パーソナリティの理想像が精神分析の内部でどのように変化したのか、である。すなわち、主体の成熟した状態はなにによって判定されるのかといえば、それは、欲求と環境をコントロールする能力では、つまりは全体としての自我の強さの能力ではもはやない。そうではなく、上記で「生き生きしていること（Lebendigkeit）」の概念にこめられているような能力、つまり自身の人格の数多くの側面に自らを開いていく能力である。パーソナリティの発達は、相互作用パターンの内面化が進むなかで精神内部のコミュニケーション空間の漸次的な構築として生じる、そうした一つの過程と説明される。そうであれば、パーソナリティの成熟した状態についてのこのような新しい規定は明白である。すなわち、その場合、成熟したと、完全に発達したと見なされるのは、内面のダイアローグ能力のポテンシャル、自己関係をコミュニケーション的に液状化することのポテンシャルを、次のことによって展開させることのできる主体に違いない。つまりは、自分自身の内面におけるきわめてさまざまな相互作用関係の多くの声に、できるだけ耳を傾けることである。端的に言えば、内面が生き生きしていること、精神内部が豊かであること、こうした目標が、以前の精神分析において自我の強さという考え方が守っていた地位に就いたのである。[22] ここから、いまや、本稿の冒頭部分の考察に結びつけることは容易である。最初に述べたとおり、パーソナリティ構造の今日的な変化に関し、比較的最近の同時代診断の核心を誇張なしに要約するなら、それは、私たちが今日、主体の内面の多元化のプロセス、つまりは主体の自我アイデンティティがコミュニケーション的に液状化することに関わっているという観察である。また、そこで問われたのは、この現在の傾向を考えるなら、精神分析は時代遅れのプロセスにあるのではないか、ということだった。もちろん、対象関係論のさらなる展開の成果としていま明らかになったことに基づくなら、〈右の問いに対する〉答えは、ノーに違いない。すなわち、内面のダイアローグ能力の制限をなくすという考え方は、自我アイデンティティの液状化という傾向をその複雑さのすべてにおいてさらに考察するために、考えうる最良の手段である。したがって、精神分析が時代遅れだということはまったく問題にならない。

ただしまた、隠蔽されてはならないのは、レーワルドが先に引用した一節で、私たちを当惑させるかもしれないことを括弧に入れて言い添えていることである。というのも、そこでレーワルドが述べているのは、本稿で詳しく説明してきた意味で「より生き生き」としうる人物は、そうであるがゆえに「必ずしもより安定しているわけではない」に違いないということだからである。このいかにもさりげなく書き流されている所見を私たちは、それぞれに素晴らしいパーソナリティの理想像に関して二者択一を示唆するものと理解しなければならないかもしれない。なぜなら、内面のダイアローグ能力の制限をなくすことは、もしかすると、日常の争いや課題をルーティンにしたがい処理するのに必要なくらいの自我の強さを人に持たせないかもしれないからである。だが、そのことは、私たちが、パーソナリティ構造における現在の諸変化を目の当たりにして、二つの文化的な発展可能性のどちらを選ぶのかの決断を迫られていることを意味するのかもしれない。すなわち、他のアイデンティティの可能性を抑制することで現実《リアリティ》を乗り越えるための能力を手に入れる、強い自我の「男性的な」パーソナリティを選ぶのか、それとも、豊かな内面を有しいわばフレキシブルになっているものの、日常のルーティンに必要な安定化を欠いているかもしれない、そうしたパーソナリティを選ぶのか、である。

原注

（1） Theodor W. Adorno, »Zum Verhältnis von Soziologie und Psychologie«, in: ders., *Gesammelte Schriften*, Bd. 18, Frankfurt a.M. 1972, S. 42–85; Herbert Marcuse, »Das Veralten der Psychoanalyse«, in: ders., *Schriften*, Bd. 8, Frankfurt a.M. 1984, S. 60–78.

（2） 精神分析に歴史的に別れを告げるというこの傾向において一つの触媒としての役割を果たしたのが、このことに関連してフーコーが行った批判であることはたしかである。フーコーの批判は、アメリカにおける「フロイト・バッシング」の皮相な動きを活気づけたのみならず（これについては次を参照。Jonathan Lear, »The Shrink is in«, in: *The New Republic*, Vol. 213, 1995, No. 26, S. 18–25）、精神分析についての認知も全体としてより懐疑的なものにした。次を参照。Michel Foucault, *Der Wille zum Wissen. Sexualität und Wahrheit I*, Frankfur a.M. 1977〔『性の歴史I　知への意志』渡辺守章訳、新潮社、一九八六年〕。この点について最良の概観を与えてくれるのは次である。Jacques Lagranges, »Lesarten der Psychoanalyse im Foucaultschen Text«, in: Marcelo Marques (Hg.), *Michel Foucault und die Psychoanalyse: Zur Geschichte einer Auseinandersetzung*, Tübingen 1990, S. 11–74.

（3） Vgl. Harald Wenzel, »Gibt es ein postmodernes Selbst? Neuere Theorien und Diagnosen der Identität in fortgeschrittenen Gesellschaften«, in: *Berliner Journal für Soziologie I* (1995), S. 113–131; Hans Joas, *Die Entstehung der Werte*, Frankfurt a.M. 1997, Kap. 9.

（4） 規範的目標としての「多元的パーソナリティ」に関する今日流行の言い回しへの精神分析的批判については、たとえば次を参照。Kimberlyn Leary, »Psychoanalytic ›Problems‹ and postmodern ›Solutions‹«, in: *Psychoanalytic Quarterly*, Vol. LXIII, 1994, S. 433–465.

（5） このような診断の主要な例として、ここでは次のものだけを挙げておこう。Anthony Giddens, *Modernity and Self-Identity. Self and Society in the Late Modern Age*, Cambridge, UK 1991〔『モダニティと自己アイデンティティ』秋吉美都・安藤太郎・筒井淳也訳、ハーベスト社、二〇〇五年〕; Jürgen Habermas, *Theorie des kommunikativen Handelns*, Bd. 2, Frankfurt a.M. 1981, S. 567 ff.〔丸山高司ほか訳『コミュニケイション的行為の理論（下）』未來社、一九八七年、四〇四頁以下〕

（6） Vgl. Jürgen Straub, »Identitätstheorie im Übergang? Über Identitätsforschung, den Begriff der Identität und die zunehmende Beachtung des Nicht-Identischen in subjekttheoretischen Diskursen«, in: *Sizialwissenschaftliche Literaturrundschau 23* (1991), S. 49–71.; Gertrud Nunner-Winkler, »Identität und Individualität«, in: *Soziale Welt*, Jg. 36/4 Göttingen 1985, S. 466–482; Hans Joas, *Die Entstehung der Werte*, a. a. O., Kap. 9.

（7） とりわけ次を参照。Jürgen Straub, »Identitätstheorie im Übergang?«, in: *Sizialwissenschaftliche Literaturrundschau 23* (1991), a. a. O.; Hans Joas, *Die Entstehung der Werte*, a. a. O., S. 240.

（8） Erik H. Erikson, *Identity and the Life Cycle. Psychological Issues*, New York: International Universities Press 1959.〔『アイデンティティとライフサイクル』西平直・中島由恵訳、誠信書房、二〇一一年〕

（9） 残念ながら、エリクソンのこの遺産は、自我精神分析（コフート）と対象関係論との綜合によって成立した、精神分析のその後の展開においては、まったく一度も受け入れられなかった。Vgl. Robert S. Wallerstein, »Erikson's Concept of Ego Identity Reconsidered«, in: *Journal of the American Psychoanalytic Association*, No. 46, 1998, S. 229–247; それとは逆に、エリクソンの遺産を新たに取り入れることをさらに進めようと提案しているのは次である。Stephen Seligman, Rebecca S. Shanok, »Subjectivity, Complexity and the Social World. Erikson's Identity Concept and Contemporary Relational Theories«, in: *Psychoanalytic Dialogues*, 1995, No. 5, S. 537–565.

（10） 私は以下で、私の著書『承認をめぐる闘争』の一部ではじめて提示した考察をさらに展開する。Axel Honneth, *Kampf um Anerkennung*, Frankfurt a. M. 1998〔『承認をめぐる闘争　増補版』山本啓・直江清隆訳、法政大学出版局、二〇一四年〕、第四章と第五章。精神分析によって拡張された主体概念に関し対象関係論に基づきさまざまな帰結を引き出しているトーマス・H・オグデンの試みは、私の提案をとても強く支持していると思う。Thomas H. Ogden, »The dialectically constituted/decentered subject of Psychoanalysis II. The Contributions of Klein and Winnicott«, in: *International Journal of Psychoanalysis*, 73/1992, S. 613–622.

（11） 私のこれから先の論証にとっていずれきわめて重要になっていくであろうが、オグデンもまた、さまざまな相互作用関係のモデルにしたがって考えることができる、そうした一つの関係として精神内部の空間のことを語っている。Thomas H. Ogden, »The dialectically constituted/decentered subject of Psychoanalysis II. The Contributions of Klein and Winnicott«, in: *International Journal of Psychoanalysis*, a. a. O., S. 616.

(12) 主要な異議は、ダニエル・スターンによるものである。スターンは、自身の実験による研究の成果に依拠することができる。Daniel Stern, *Die Lebenserfahrung des Säuglings*, Stuttgart 1992〔『乳児の対人世界　理論編・臨床編』小此木啓吾・丸田俊彦監訳、神庭靖子・神庭重信訳、岩崎学術出版社、一九八九年〕; この論争について優れた見通しを与えているのは、Martin Dornes, *Die frühe Kindheit. Entwicklungspsychologie der ersten Lebensjahre*, Frankfurt a. M. 1997, 第一章と第五章。私は、次の論文で経験的異議を検討した。Axel Honneth, »Facetten des vorsozialen Selbst. Eine Erwiderung auf Joel Whitebook«, in: *Psyche*, Heft 8, 2001, S. 790–802.

(13) とりわけ次を参照。Donald Winnicott, »Übergangsobjekte und Übergangsphänomene«, in: ders., *Vom Spiel zur Kreativität*, Stuttgart 1989, S. 10 ff.〔「移行対象と移行現象」、『遊ぶことと現実』橋本雅雄訳、岩崎学術出版社、一九七九年、一頁以下〕

(14) Donald Winnicott, »Übergangsobjekte und Übergangsphänomene«, in: ders., *Vom Spiel zur Kreativität*, a. a. O., S. 23 f.〔「移行対象と移行現象」、『遊ぶことと現実』橋本雅雄訳、岩崎学術出版社、一九七九年、一八頁〕

(15) トーマス・H・オグデンもまた、メラニー・クラインにならって、この考え方を同じように定式化している。Thomas H. Ogden, »The dialectically constituted/decentered subject of Psychoanalysis II«, in: *International Journal of Psychoanalysis*, a. a. O., S. 619.

(16) 以下の考察によって私は、『承認をめぐる闘争』での対象関係論の受容に対して主張された異議にも応じることを試みる。たとえば次を参照。Hans-Walter Gumberger, »Die Anerkennung beschädigter Identität. Kritische Anmerkungen zu Axel Honneths Theorie der Anerkennung«, in: H. Brentel u. a. (Hg.), *Gegensätze. Elemente kritischer Theorie*, Frankfurt/New York 1995, S. 125–145.

(17) 私が以下で引き合いに出すのは次の文献である。Hans Loewald, *Psychoanalyse. Aufsätze aus den Jahren 1951–1979*, Stuttgart 1986; 精神分析の展開にとってのレーワルドの意義については、とりわけ次を参照。Jonathan Lear, »The Introduction of Eros: Reflections on the Work of Hans Loewald«, in: ders., *Open Minded. Working out the Logic of the Soul*, Cambridge, Mass. 1998, S. 123–147〔「エロスの序説：ハンス・レーワルドの業績」、『開かれた心——

精神の論理を探求する』竹友安彦監修、吾妻壮・勝田有子訳、里文出版、二〇〇五年、一四九―一七四頁〕; Joel Whitebook, »*The Desease of the Age*«. *Fantasy and Rationality in the Work of Hans Loewald*, Ms. 1999.

（18） Hans W. Loewald, »Über Motivation und Triebtheorie«, in: *Psychoanalyse. Aufsätze aus den Jahren 1951–1979*, a. a. O., S. 100.

（19） Hans W. Loewald, »Über Motivation und Triebtheorie«, in: *Psychoanalyse. Aufsätze aus den Jahren 1951–1979*, a. a. O., S. 113; メラニー・クラインとW・ビオンにならって、トーマス・オグデンは、同じような考え方を定式化している。Thomas H. Ogden, »The dialectically constituted/decentered subject of Psychoanalysis II«, in: *International Journal of Psychoanalysis*, a. a. O., S. 618 f.; ある程度の収斂は、ジャン・ラプランシュの衝動理論についても存在する。Jean Laplanche, *Die allgemeine Verführungstheorie*, Tübingen 1988.

（20） たとえば次を参照。Hans Loewald, »On Internalization«, in: ders., *Papers on Psychoanalysis*, New Haven/London 1986, S. 69–86; ders., »Instinct Theory, Object Relations and Psychic Structure Formations« （1978）, ebd., S. 207–218; ders., »Internalization, Separation, Mourning, and the Superego« （1962）, ebd., S. 257–276.

（21） Hans W. Loewald, »Ich und Realität«, in: ders., *Psychoanalyse. Aufsätze aus den Jahren 1951–1979*, a. a. O., S. 34.

（22） このような規範的な方向転換は、統一性と複合性との生涯にわたる緊張という対象関係論的な考え方の方向で自我心理学のアプローチを越えようとする試みからも、明らかとなっている。その具体例として次を参照。Stephen Seligman/Rebecca Sh. Shanok, »Subjectivity, Complexity and the Social World«, in: *Psychoanalytic Dialogues*, a. a. O.

訳注

〔1〕 原文に語の脱落があると判断し、*Psyche*, 54. Jg./2000, H 11 に所収のホネットの初出論文に基づき語（nach Fiktion）を補って訳出した。

〔2〕 原文の intrasubjektiv vermittelten は内容上 intersubjektiv vermittelten の誤植と判断した。

訳者あとがき

本書は Axel Honneth: *Unsichtbarkeit. Stationen einer Theorie der Intersubjektivität*, Suhrkamp, Frankfurt am Main 2003 の邦訳である。著者のアクセル・ホネットの経歴については日本でも比較的よく知られているので、簡潔に紹介したい。ホネットは一九四九年ドイツのエッセンに生まれ、ユルゲン・ハーバーマスの研究助手として採用されて以来、比較的若い時代から批判的社会理論の代表者と見なされてきた。彼をフランクフルト学派の第三世代の代表者と呼ぶこともある。現在ホネットは、ゲーテ大学フランクフルト・アム・マイン哲学・歴史学部教授、フランクフルト社会研究所所長をつとめ、二〇一一年からはアメリカのコロンビア大学人文学部哲学科でも冬学期のあいだ正教授として教鞭を執っている。ホネットは当初、二〇一五年春をもってゲーテ大学を去る予定であったが、契約をあと三年延長したという。フランクフルトにおける彼の重要さを物語るエピソードである。

ホネットの著作としては、すでに法政大学出版局から『権力の批判』(Honneth 1989=1992)、『承認をめぐる闘争』(Honneth 1992=2003/2014〈増補版〉)、『正義の他者』(Honneth 2000=2005/2013〈新装版〉)、『物象化』(Honneth 2005=2011)、『再配分か承認か?』(Honneth 2003=2012) が出版され、『理性の病理』(Honneth 2007)、『我々のなかの我』(Honneth 2010)、『自由の権利』(Honneth 2011) の邦訳も進行中である。また、未來社からは『自由であることの苦しみ』(Honneth 2001a=2009) も出版されている。特に『自由の権利』は、ホネットが単著として書き下ろした書籍としては、『承認をめぐる闘争』以降はじめてであり、公刊後は社会研究所、ゲーテ大学、ベルリン・フンボルト大学、国際ヘーゲル学会などで、彼の著作をめぐる大規模なシンポジウムが多く開催され、訳者の一人である宮本もフランクフルトでの在外研究中に参加した。日本の事情に照らすとあまり想像ができないが、テレビの哲学番組 (Sternstunde Philosophie) でも取りあげられ、ホネット自身も出演している (Honneth 2012)。その模様は制作と放送を行った Schweizer Radio und Fernsehen という放送局のHPでも見ることができる(二〇一五年四月現在)。

本書の内容について

それではまず、『見えないこと』の内容を簡単に紹介しよう。

第一章「見えないこと」は、ラルフ・エリスンの小説『見えない人間』に導かれて、「承認」という行いをエピステモロジーの観点から解明したものである。そこでは、ある人物の「認識」になにが加えられれば、「承認」という行為になるのかが追究される。私たちは、人に対して「見ても気づかぬ振りをすること」でその人たちへの軽視を表現する能力を持つ。このことは、ある人物を認識することがその人を個人として同定することであるのに対して、承認が、その人を支持肯定するという肯定的意義を与える表出的な行為であることを意味する。幼児研究は、大人たちが幼児に微笑みを示すことによって愛や共感を示し幼児たちもそれに答えるとするが、成人たちもお互いに関心を寄せていることを、身振りの短縮した形で示し合う。私たちはそれによって、その人に好意に満ちた行動をする義務を負うという動機づけを持つことを知らせ合う。承認の身振りは、他の人格をカントの言う「尊敬」されるべき叡知的存在者として評価し、私たちの自己中心的な衝動や傾向性を制限することを意味する。社会的に「見えないこと」が軽視であるのは、承認する身振りの欠落が、相手を叡知的人格として扱う気がないことを表明してしまっているからである。

第二章「相互主体性の超越論的必然性」はその副題が示すように、フィヒテの自然法論文における第二定理を取り扱っている。フィヒテはそこで、有限な主体が、同じような理性的存在者によって「外から」自由に至ることを「促さ」れるときにだけ、自分自身を自由な理性的存在者として意識することに到達しうるとする。そこでは、有限な主体の自己意識の条件を意識の態度からだけ演繹しようとすれば、哲学者はある種のパラドクスに巻き込まれることになるが、このパラドクスは、相互主体的な「促し」を想定することによって避けられるとされる。これは、自分の主体性の確証を相互主体的に媒介された期待への反応としてとらえるものである。この解釈では、促しは、自由に基づく反応、つまり理性的な態度決定を名宛人から期待する発話、すなわちコミュニケーション的な行いとして把握される。フィヒテは、自己意識が呼びかけの基礎諸条件によって成り立っているという理解を導いたことで、後にヘーゲルからG・H・ミードを経てハーバーマスにいたる哲学的伝統に道を用意したのである。

第三章「第三者の破壊的な力について」は、ハンス゠ゲオルク・ガダマーの『真理と方法』に見られる相互主体性論を批判的に検討した論考である。ホネットによれば、ガダマーは、人と人との相互主体的関係の三つの形式を区別し、それらと対応させることで、歴史を理解することの「経験」としての特質を論じている。その際、ガダマーは、「第三者」のパースペクティヴによる「反省」のはたらきを否定的に評価し、互いに対し開かれている相互主体的関係を規範的に最も高次の段階のものとした。ホネットは、こうした立論の背景をガダマーのレーヴィット論を手がかりに考察することで、ガダマーが『存在と時間』のハイデガーの考え方をそのまま引き継いでいることを明らかにし、また、その議論の限界を指摘している。以上の検討を通じて、ホネットは、相互主体的関係における「第三者」のパースペクティヴ、言い換えれば「一般化された他者」のパースペクティヴの意味について、あらためて問題提起していると言える。

第四章「認識と承認」においてホネットは、ジャン゠ポール・サルトルが『存在と無』において展開した「まなざし」の分析に注目する。他者存在を主体が確信できるかどうかを説明する場合に、観念論と実在論が人間のあいだの無関心の外面性の関係にとらわれたのに対し、フッサール、ヘーゲル、ハイデガーが異なるモデルを目指したことをサルトルは評価する。彼らのモデルは、結局は認識モデルに屈服したものの、それらが相互主体性を内面性の関係（間モナド性、承認、共同存在）としてとらえようとした点で優れているのである。サルトルの目指す相互主体性の理論には、匿名の他者の視角からの再帰的な自己関係を想定する点で、他者のパースペクティヴの受け入れから説明されるG・H・ミードの相互主体性の理論との近さが推測されるが、両者のあいだには決定的な違いがある。他者からまなざしを向けられる際に、互いのあいだで承認関係が生じるものの、そこで認められているものは互いの客体性であり、それゆえに羞恥、自己疎外、物象化が生じることをサルトルは指摘していた。このような否定性の契機こそがサルトルの相互主体性の理論の核心であることを、ホネットは浮かび上がらせる。そして、この相互主体性は、奪われた自分自身の本源的な自由を取り戻す、実存的な闘争のための存在論的圏域に他ならないのである。

第五章「解釈学とヘーゲリアニズム」においてホネットが対決を試みるのは、ジョン・マクダウェルの道徳的実在論である。道徳的実在論はそもそも知覚、信念、習慣行動の影響を受けずに道徳的価値が世界の客観的要素として扱われるというアプローチを示すが、マクダウェルの場合に道徳的現実は、私たちの規則に導かれた行動様態との関連から現れるとされる。これらの行動様態はそもそも、第一の自然が社会化と形成（Bildung）を被った結果であり、人間の第二の自然と解釈しうる。そしてマクダウェルによると、私たちの道徳的信念と判断には、現実それ自体からの要請が直に現れていることになる。この思考に対しホネットは、近年、弱い自然主義へのある種の実在論的転回を行ったハーバーマスとの近さを認めたうえで、大きな違いを指摘する。一方でハーバーマスは、道徳的行為の確実さが揺らいだ場合の相互主体的な正当化実践への必然性を、説得力あるかたちで論証している。他方でマクダウェルは、ハビトゥス化した道徳的確実性をめぐる不一致に対する批判的な検証を、伝承知に照らして共に循環的に理解するという解釈学的な営みと理解しようとするのだが、この試みにはいくつかの困難がある。その原因をホネットは、マクダウェルが、ガダマーにしたがって作用史的伝統媒介の過程をもっぱら「形成」としてとられていることにあると指摘し、そのうえで「形成」を、ヘーゲルが構想したように実践理性の連続した実現の形態という不可避の学習過程と見なすことを提案する。

第六章「対象関係論とポストモダン・アイデンティティ」は、対象関係論を中心に精神分析の現代的意義を考察した論考である。ホネットはまず、「ポストモダンのパーソナリティ」と呼ばれている近年の社会文化的変化の実態を、人びとが従来以上に多様なアイデンティティの可能性を自分に認めるようになり、その点で主体の内面が多元化していくことととらえている。主体のこの新しいあり方は、内面を合理的にコントロールできる強い自我という従来の精神分析の規範的な考え方では適切に把握できないと言える。だが、ホネットによれば、ウィニコットの対象関係論とレーワルドの欲動理論とに基づくなら、人間の精神は、他者との相互作用パターンの内面化によりかたちづくられた、多数の「内なる声」からなるコミュニケーションのネットワークと考えることができる。ここでは成熟したパーソナリティとは、強い自我ではなく、内面の多くの「声」に耳を傾けることができ、その意味で内面が「生き生き」して豊かであることにほかならない。精神分析のこうした展開は、パーソナリティの現代的なあり方を考察するための最良の概念的手段であるとホネットは言う。

本書の位置づけ

それでは、こうした内容を持つ『見えないこと』は、ホネットの著作のなかで、いかなる位置づけをされるべきだろうか。ホネットの著作は、いずれにしても彼の構想する承認の批判的社会理論を深化させるという試みへと統合されていくものの、大きく分けて四つの課題を含んでいると言えるだろう。すなわち、⑴いわゆるフランクフルト学派の批判理論を再検討し活性化する、⑵同時代の社会学的、哲学的な試みのなかで批判的社会理論の充実に質するものの検討を行う、⑶古典に分類される思想に再解釈を行い、同時代における有効性を検証する、⑷現代社会の諸傾向に対して言論を通じて介入（Intervention）を試みる、という四つの課題である。これらの課題の付置連関は時期によって変わっており、紙幅の都合もあり詳細には論じることはできないが、『見えないこと』が出版された時期は、まさにこれらの課題が同時進行で進められていたころと言ってもよい。

その理由は、この時期のホネットが置かれていた特殊な状況にある。ホネットはまず一九九六年にゲーテ大学哲学部に招聘され、社会哲学講座を担当することになり、続いて二〇〇一年に彼はフランクフルト社会研究所の所長に就任し、そこでかつて築き上げられた知的営為を引き継いだ。フランクフルト学派の輝かしくも短い歴史をある程度知る人びとにはかえって意外かもしれないが、アドルノ亡きあと、フランクフルトにおいて、哲学部と社会研究所（あるいは社会学部）をつなぎとめていたものは、長きにわたって失われていた。例えば、ハーバーマスにしても、アドルノのもとでの社会研究所助手の職を解かれて以来、哲学部に教授として二度招聘されたが（一九六四年と一九九四年）、研究所で講義を受け持つことはあっても、その運営について主導的な役割を果たすことはなかった（そのうち、最初の招聘の際には所長就任を断っている。Müller-Doohm 2008: 31ff.）。フランクフルト学派から距離を取っていたハーバーマスと、フランクフルト学派の本拠地を自認する社会研究所とのあいだの深い溝を、ここでも窺い知ることができる。この状況を克服することを、すなわち当時はすでに切り離されてしまっていた二つの役割を、もう一度統合することを期待されて、ホネットはフランクフルトに招聘されたというわけである。もちろんのこと、ホネット自身のそもそもの問題関心とは無縁ではないものの、『見えないこと』が出版されたころは、とりわけ個別の課題に対してホネットがどのような立場を表明するのかに強い関心が集まった時期であったと言える。

当然ながら、論集のかたちで発表された一つの著作が、複数の課題を複雑に関連づけながら担うこともある。個々の著作についての詳しい分析は読者に委ねることにして、ここでは本書『見えないこと』が担う課題について考えてみたい。序文にもあるように、『見えないこと』には一九九九年から二〇〇二年のあいだに書かれ、彼の第一の主著である『承認をめぐる闘争』では扱わなかった、どちらかと言えばないがしろにしていた諸問題に向き合う論文が集められている。現代における批判理論の継承という課題は、別の著作で試みられている（『理性の病理』、『物象化』）。そして、本書にはこの時期のフランクフルトの哲学部における議論状況がダイレクトに作用しており、先の分類で言うなら課題(2)と(3)を遂行するという意図がはっきりと読み取れるが、実は(4)の現下の社会批判や診断にまでも本書は寄与することを目指しているというのが、筆者の見解である。

当時、哲学部でホネットがゼミナールやコロキウムで集中的に取り組んでいたのは、ヒラリー・パトナム、ロバート・ブランダム、ジョン・マクダウェルの著作であった。さまざまな実在論のヴァリエーション（内在的実在論、概念実在論、道徳的実在論）との対決のなかで、特にホネットが関心を持っていたように見えたのがマクダウェルの議論であり、二〇〇〇年の夏学期にはまだギーセン大学にいたマルティン・ゼールと共に『心と世界』についてのゼミナールを行っていた。ホネットだけではなく、ハーバーマスもまた『真理と正当化』において立場を表明しているように、パトナムやブランダムとの対決を通じて、別様の実在論的転回を行っている

(Habermas 1999)。日本の批判的社会理論の文脈ではほとんど取り扱われることのなかったこれらの著者たちの活発な受容状況に、筆者は驚いたものである。実際、本書に収められている「解釈学とヘーゲリアニズム」は、ハーバーマスの生誕七十歳を記念したシンポジウムをもとに編んだ論集に収められているが、そのシンポジウムではパトナムが基調講演を行い、マクダウェルも講演を行っていた。こうしたことからも、本書が課題(2)に特徴づけられているのは、明らかである。

また、それ以外にも本書では課題(3)と関連して、ダニエル・スターン、ヨハン・ゴットリープ・フィヒテ、ハンス＝ゲオルク・ガダマー、ジャン＝ポール・サルトル、ジョージ＝ハーバート・ミード、ドナルド・ウィニコットなどの、すでによく知られた論客の議論が、場合によっては実際の論争のさなかで検討され、ホネット自身が承認概念を規定するために役立てられている。本書は全体として相互主体性という問題圏のために編まれているが、その過程のなかで、承認という行いにおいて私たちがなにを行っているのか、その行いが認識との関係においてなにを意味するのかということをついて、ホネットは理解を深めようとしている。『物象化』において、ホネットは二つのテーゼ、すなわち、「物象化は承認の忘却である」、及び「承認は認識に先立つ」というテーゼを導き出しているが、ここには『見えないこと』において行われた承認概念の再検討が基礎となっていることは疑いえない。

先に簡単に触れたように、本書『見えないこと』は、間接的に課題(4)、すなわち、知識人としての介入、社会診断、社会批判という課題に貢献していると思われる。ホネットの著作における(4)の例としては、理論的論争としての側面も有する『再配分か承認か?』や、二〇〇九年以降ペーター・スローターダイクとのあいだで行われた、再配分や社会福祉国家をめぐる論争への寄与が挙げられる(宮本 2011)。では、『見えないこと』は、古典的、そして現代的な哲学・思想的なモデルとの対決を主たる目的とするように見えるにも関わらず、いかに間接的であれ、課題(4)に貢献できるのだろうか。このことを示すためには、『見えないこと』の議論によって導かれて得られた視点や語彙、考え方がいかなるものであり、それらは特にどのような社会現象に対して新たな光を当てることができるのかという、二つのことについての展望がもたらされねばならない。

まず第一に、『見えないこと』以降で説明される承認のあり方、ホネットの表現を使えば、承認という行いについての理解の変化に注目したい。二〇〇四年に発表した「イデオロギーとしての承認」という論文において、彼は承認のポイントを次の四点にまとめている(Honneth 2004: 55f.)。

① 承認とは人格や集団のポジティヴな特性を肯定することである。

② 承認された人格にとって規範的に意味を持つ、信じる値打ちがあるということは適切な行動様式を通じて生み出される。それゆえ承認という行為は、行為に作用を及ぼす一種の「構え」、態度であり、単なる言葉や

シンボル的表現に尽きるものではない。

③ 承認という行為は、別の相互作用への利害関心の遂行の副産物ではなく、独立した意図の表現であり、社会的世界の中の特徴的な現象である。

④ 承認は様々に下位分化している類概念である。愛情、法的レスペクト、社会的価値評価などの「構え」には、承認ととらえることができる基本的態度が多様に際立たされている。

ホネットは、その主著『承認をめぐる闘争』以来、独自の理論を展開してきたが、これらの四つの点には、本書で検討された認識と承認をめぐる実在論的含意が反映され、新しい要素が付け加わっている。すでに本書の概要を述べた箇所でも触れたように、マクダウェルの道徳的実在論という立場は、「第二の自然」を、人間の環境世界が、人間と人間、人間と環境世界が相互作用するなかで社会化され、形成の過程を経たものとし、人格の道徳的特性、行為の道徳的性質はともに、日常的な習慣行動において直接経験されるとする点で、承認という行いが、いかなる行為であるのかを考える際に示唆を与えてくれる。しかし、この道徳的実在論は、反省的な討議実践の可能性が、マクダウェルが見込むほどには開かれてはいない。しかしそれでもこの立場は、人間の第二の自然の形成、ある道徳的文化への社会化による編入（Einsozialisation）が、動機づけの傾向と価値評価的見方をモデル化し、知覚に対して世界を道徳的に含蓄を持つ事態の地平として現前させる（本書一七六頁）という構想ゆえに、ホネットからすれば、承認を人間と、人間をも含む環境世界との相互作用においてとらえる人間学的パースペクティヴをもたしてくれるのである。この構想を批判的に読み替えたものが、ホネットが取る「穏やかな価値実在論」という立場である。この立場によると、「承認とは私たちが、私たちの生活世界という第二の自然への統合の程度にしたがって、人間主体に知覚することを学んでいる、そのような価値特性に合理的なかたちで答える際に用いる反応行動」（Honneth 2004: 60）として理解できるのである。つまり、承認という行いは、言葉やシンボル的表現として相手に対して向けられるという意図的な行為のみではなく、むしろ相手の特性に対して、すでに学習された習慣行為にしたがって行為遂行的に応答するという行いとしてとらえる余地が開かれるのである。この意味で、承認とは相手に対して特定の属性を付与する（認めてやる）行い（属性付与ないしは帰属モデル）ではなく、また、相手の特性をその欲求に応じて受け入れるだけの行い（受容モデル）でもなく、第二の自然としての習慣行動の網の目のなかで、適切に応答する行い（反応モデル）として理解することが可能となるのである。

こうした承認論の価値実在論的転回の成果は、おそらく一九九〇年代の終わり以降、最近のホネットの承認論的アプローチの細部にまで浸透していると考えられる。この転回の意味はさらに哲学、思想という領域において適切に、批判的検討に付されなければならないだろう。

では、次に、このように承認論を価値実在論的に読み替えたならば、どのようなタイプの社会分析、診断、批判が可能となるのだろうか。その一つの例を『物象化』における、自他の人格に対する物象化、すなわち承認の忘却についての議論に見ることもできる（Honneth 2005=2011）。しかし、ここでは、ホネット自身がある現実の事象に説明を試みた小さな論文を取りあげてみたい。ホネットはドイツの青年層において当時顕著であった、外国人に対する迫害的態度、暴力行為をここで分析し、その対策について批判的に検討している（「知覚の歪みとしての人種主義――寛容へと促すことが無意味であることについて」）（Honneth 2001b）。

この問題についてまずホネットは、承認という行いの認識《エピステーミッシュ》についての側面から見て、青年たちが暴力的な対応を向ける人びとを人間として認識できていないのかどうかについて問いを立てる。しかし当然ながら、ここで本当に問題になっているのは、彼らが人間としての扱い（対応）を、既存の対人的に適切とされる行為規範に照らして、向かい合う外国人たちに行為遂行的に提示していないことにある。つまり、ここで外国人たちは人間ではないものとして対応されているのである。つまり、当該の外国人からは、人間としてのいくつかの特性（法的人格、社会のメンバーとしての帰属や貢献）への評価が、二次的に剝奪されているのである。ホネットによるならば、そもそも他者に対する人間存在としての知覚が欠落しているのではなく、それが見えなくなっていること、忘却されていることが問題なのである。ホネットの推測によると、こうした青少年の行動を全体として見た場合に、私たちの社会関係の承認次元を沈黙させるか、蔑視を伴う抑圧の諸形式を容認する態度、あるいは方向づけシステムに原因があると考えられるのである（Honneth 2001b: 161ff.）。

ある人物が一人の人間として認識されないことが問題なのではなくて、その人物が居ないものとして扱われるか、人間としての承認に足るべき特性を個々に評価するべきなのに忘却され、評価されるにいたらない――この態度システムは、ホネットによれば、そもそもある知覚様態が社会化のなかで上書きされるようにかたちづくられた（überformen）帰結である。そこで推測されるのは、人間を価値ある特性を持つ存在として知覚することを子どもが習得する社会化の過程で、二次的な発生が起きることである。

青少年に外国人に対して暴力的に振る舞うことを許す構えは、ただ単に特定の信念や理論が習得された結果ではありえない。つまり、彼らは外国人が軽視に値する特性を持つと確信しているという理由から、暴力的に振る舞うのではないのである。むしろ逆で、そのような理論、そのような人種主義的な信念こそが、青少年たちが二次的な社会化過程において獲得した行動様態の合理化の帰結でしかありえないのである。そして、この社会化過程が初期的な態度体系を上書きする（Honneth 2001b: 162ff.）。

ここで外国人に憎悪を抱く青少年たちは、なによりも侮蔑的な行動様態に相互主体的に理解可能な意味を与えるために、根拠や説明、合理化を必要とする。彼らは確信にしたがって暴力的に振る舞うのではなく、暴力的な行為に慣れ親しんでいるので人種主義的な信念を維持するというのである。そこでは、既存の敬意行動を消し去ってしまう、そうした新しい行動体系がかたちづくられている。このことをホネットは社会研究所の研究プロジェクトの成果（Sutterlüty 2002）に依拠して説明する。フェルディナンド・ズッターリュティによると身体的無力、社会的蔑視の経験を家庭内で受けることで、承認行動がすでに学習されていたとしても、いわば忘却されるかのように第二の行動体系へと彼らは導びかれてしまうのである。

このホネットの試みは、試論の域を出ない短いものである。とはいうものの、ここには、『見えないこと』でホネットがさまざまな思想的営為との対決を展開しながら、別の次元で誤った承認や蔑視、承認の欠如といったネガティヴな現象を説明、診断、批判するという活動への視角を保ち続けていたことがはっきりと見て取れる。繰り返しになるが、本書『見えないこと』が求めているのは、第一に哲学、思想的な批判検討を経て得られる妥当性である。だが、それと同時に『見えないこと』における議論は、社会批判や診断のために、有効な概念や考え方を用意できるかどうかについて評価されることも期待しているのである。具体的な個々の現象については触れないが、私たちの社会においても、承認をめぐるネガティヴな現象、すなわち、差別、排除、蔑視、そして人が人として見えなくなっている事態は、日常的に知覚できる。それらの事態に対して、ホネット自身が社会研究所の現在のプログラムでも行っているように、承認論的な視点から社会調査に支えられて分析と診断を行うことには意味があるだろう。さまざまな現象に新たにアプローチする機会を、本書におけるホネットの議論が切り開くことを、訳者としては期待したい。

最後に翻訳の分担について記しておきたい。『見えないこと』の翻訳に参加した三人は、ホネットがフランクフルトに戻ってきた最初の五年ほどのあいだに前後して、彼のもとで研究を行ったという共通点を持っている。基本的には次の役割分担で訳稿をつくったが、すべての章について他の訳者による確認を細部にまで行っている。また、校正段階において宮本がすべての原稿を確認した。また、訳者あとがきについては、本書の各章の内容紹介はそれぞれの担当者が執筆し、宮本が全体をまとめ、それ以外の部分を執筆した。

第一章、第二章：日暮雅夫
第三章、第六章：水上英徳
第四章、第五章：宮本真也

なお本翻訳書の刊行を企画した法政大学出版局編集部の方々、平川俊彦氏、秋田公士氏、勝康裕氏、そして前田晃一氏には改めて感謝したい。

二〇一五年四月

宮本真也
日暮雅夫
水上英徳

参考文献

Habermas, Jürgen. 1999 *Wahrheit und Rechtfertigung*. Philosophische Aufsätze, Suhrkamp.

Honneth, Axel. 1989 *Kritik der Macht. Reflexionsstufen einer kritischen Gesellschaftstheorie*, Suhrkamp.（河上倫逸監訳、一九九二年、『権力の批判』、法政大学出版局）

——. 1992 *Kampf um Anerkennung. Zur moralischen Grammatik sozialer Konflikte*, Suhrkamp.（山本・直江訳、二〇〇三／二〇一四年［増補版］）、『承認をめぐる闘争』、法政大学出版局）

——. 2000 *Das Andere der Gerechtigkeit. Aufsätze zur praktischen Philosophie*, Suhrkamp.（加藤・日暮ら訳、二〇〇五／二〇一三年〈新装版〉、『正義の他者』、法政大学出版局）

——. 2001a *Leiden an Unbestimmtheit. Eine Reaktualisierung der Hegelschen Rechtsphilosophie*, Reclam.（嶋崎・明石ら訳、二〇〇九年、『自由であることの苦しみ』、未來社）

——. 2001b Rassismus als Wahrnehmungsdeformation. Über Unsinnigkeiten der Toleranzforderung, *Neue Rundschau* 3/2001, Fischer Verlag.

——. 2003 *Umverteilung oder Anerkennung? Eine politisch-philosophische Kontroverse*, Suhrkamp.（加藤泰史監訳、二〇一二年、『再配分か承認か?』、法政大学出版局）

——. 2004 Anerkennung als Ideologie, *WestEnd. Neue Zeitschrift für Sozialforschung*, Heft 1, S. 51–70.（現在は（Honneth 2010）に所収）

——. 2005 *Verdinglichung, Eine anerkennungstheoretische Studie*, Suhrkamp.（宮本・辰巳訳、二〇一一年、『物象化』、法政大学出版局）

——. 2007 *Pathologien der Vernunft, Geschichte und Gegenwart der Kritischen Theorie*, Suhrkamp.

——. 2010 *Das Ich im Wir. Studien zur Anerkennungstheorie*, Suhrkamp.

——. 2011 *Das Recht der Freiheit. Grundriß einer demokratischen Sittlichkeit*, Suhrkamp.

——. 2012 Axel Honneth: Der Kampf um Anerkennung. Axel Honneth im Gespräch mit Barbara Bleisch, *Sternstunde Philosophie*, Schweizer Radio und Fernsehen.

Sutterlüty, Ferdinand. 2002 *Gewaltkarrieren. Jugendliche im Kreislauf von Gewalt und Missachtung*, Campus.

Müller-Doohm, Stefan. 2008 *Jürgen Habermas. Leben, Werk, Wirkung*, Suhrkamp.

Müller-Doohm, Stefan. 2014 *Jürgen Habermas. Eine Biographie*, Suhrkamp.

宮本真也 2011、「慈善による寄付か、承認としての再分配か?」、『ドイツ研究』第四五号（日本ドイツ学会）、一六六―一七六頁。

人名索引

ナ行

ハ行

マ行

ラ行

初出一覧

第一章　最初の版は英語で書かれ，次の雑誌に掲載されている．
The Aristotelian Society, Supplementary Volume LXXV, Bistol 2001, pp. 111–126.

第二章　もともとは次のアンソロジーにおいて発表された．
Jean-Christophe Merle (Hg.), *J. G. Fichtes »Grundlage des Naturrechts«*, (Klassiler Auslegen), Akademie-Verlag Berlin 2001, S. 63–80.

第三章　少し加筆された版が同じ標題で次のハンス＝ゲオルク・ガダマーの百歳記念論集に収められている．
Günter Figal, Jean Grodin und Dennis J. Schmidt (Hrsg.), *Hermeneutische Wege – Hans-Georg Gadamer zum Hundertsten*, Tübingen: J. C. B. Mohr (Paul Siebeck) 2000, S. 307–324.

第四章　大幅に短縮された版が，別の標題のもとで次のアンソロジーに収められている（Erkennen und Anerkennen. Zu Sartres *Theorie der Intersubjektivität*）．
Bernd Schumacher (Hg.), Jean-Paul Sartre: *Das Sein und Das Nichts* (Klassiker Auslegen), Akademie-Verlag Berlin 2003 (i. E.).

第五章　少し加筆された講演が同じ標題で次の論集に収められている．
Lutz Wingert und Klaus Günther (Hg.), *Die Öffentlichkeit der Vernunft und die Vernunft der Öffentlichkeit. Festschrift für Jürgen Habermas*, Suhrkamp-Verlag Frankfurt a. M. 2001, S. 372–402.

第六章　もともとは次の雑誌において発表された．
Psyche, 54, Jg./2000, H 11, S. 1087–1107.

著者

アクセル・ホネット（Axel Honneth）
1949 年ドイツのエッセンで生まれる。1983 年にベルリン自由大学で哲学の博士号を取得。現在はゲーテ大学フランクフルト・アム・マイン哲学部・社会哲学講座正教授、フランクフルト社会研究所所長、コロンビア大学人文学部哲学科教授を務める。フランクフルト学派第三世代の代表的存在。邦訳された主な著作に、『権力の批判——批判的社会理論の新たな地平』、『承認をめぐる闘争——社会的コンフリクトの道徳的文法』〔増補版〕、『正義の他者——実践哲学論集』、『物象化——承認論からのアプローチ』、ナンシー・フレイザーとの論争的共著『再配分か承認か？——政治・哲学論争』（以上、法政大学出版局）などがある。

《叢書・ウニベルシタス　1025》
見えないこと
相互主体性理論の諸段階について

2015年 5 月29日　初版第 1 刷発行

アクセル・ホネット
宮本真也・日暮雅夫・水上英徳 訳
発行所　一般財団法人 法政大学出版局
〒102-0071 東京都千代田区富士見2-17-1
電話03(5214)5540 振替00160-6-95814
印刷：平文社　製本：積信堂

ISBN978-4-588-01025-5

訳者

宮本真也（ミヤモト　シンヤ）

1968年生まれ。明治大学情報コミュニケーション学部准教授。社会哲学、社会理論。主な著作に、「こころのエンハンスメントとしての「脳力」論」（『科学化する日常の社会学』（西山哲郎編）、世界思想社、2012年）、「慈善による寄付か、承認としての再分配か？」（『ドイツ研究』第45号、日本ドイツ学会、2011年）、アクセル・ホネット『物象化——承認論からのアプローチ』（共訳、法政大学出版局、2010年）、シュテファン・ミュラー＝ドーム『アドルノ伝』（共訳、作品社、2007年）、など。

日暮雅夫（ヒグラシ　マサオ）

1958年生まれ。立命館大学産業社会学部教授。社会哲学。主な著作に、『討議と承認の社会理論——ハーバーマスとホネット』（勁草書房、2008年）、『批判的社会理論の現在』（共編、晃洋書房、2003年）、「承認論の現代的座標——ホネット社会理論の展開」（『思想』No.935. 岩波書店、2002年）、ユルゲン・ハーバーマス『自然主義と宗教の間——哲学論集』（共訳、法政大学出版局、2014年）、など。

水上英徳（ミズカミ　ヒデノリ）

1967年生まれ。松山大学人文学部教授。社会学。主な著作に、「再分配をめぐる闘争と承認をめぐる闘争——フレイザー／ホネット論争の問題提起」（『社会学研究』第76号、東北社会学研究会、2004年）、「アクセル・ホネットによる物象化論の再構成——承認と物象化」（『現代社会学理論研究』第2号、日本社会学理論学会、2008年）、「アクセル・ホネットにおける承認の行為論——承認論の基礎」（『研究紀要』第46巻、大分県立芸術文化短期大学、2009年）、アクセル・ホネット『正義の他者——実践哲学論集』（共訳、法政大学出版局、2005年）、など。